Karina Dubiniak Cordeiro

VIDA plena

com o

Abba Pai

Dados Internacionais de Catalogação na Publicação (CIP)
(Câmara Brasileira do Livro, SP, Brasil)

Cordeiro, Karina Dubiniak
   Vida Plena com o Abba Pai / Karina
Dubiniak Cordeiro. -- 1. ed. -- Jundiaí, SP :
Ed. da Autora, 2022.

   ISBN 978-65-00-39728-4

   1. Cristianismo 2. Devoção a Deus 3. Esperança -
Aspectos religiosos - Cristianismo 4. Fé 5. Graça
(Teologia) - Ensino bíblico 6. Literatura devocional
7. Vida cristã I. Título.

22-101271   CDD-248.4

Índices para catálogo sistemático:

   1. Vida Cristã : Cristianismo   248.4

Aline Graziele Benitez - Bibliotecária - CRB-1/3129

Agradecimentos

Agradeço a Jesus, Senhor da minha vida, por me salvar, ao Abba Pai por me amar e cuidar de mim e ao Espírito Santo que me conduziu nessa escritura.

Gratidão que tenho pelo meu marido e companheiro de vida, sacerdote do nosso lar, pai dedicado. Atos meu amor, te agradeço por sempre apoiar e acreditar nos projetos de Deus para nossas vidas.

Aos meus filhos que, tão pequenos, me ensinam a cada dia o amor e a semelhança de Deus.

Bianca minha primogênita, obrigada por me fazer conhecer o amor de mãe, minha companheirona, adoradora de Deus, irmã maravilhosa e filha amorosa.

Isaac e Alícia, a chegada de vocês foi um presente e susto, no entanto vieram para me ensinar que o amor de uma mãe se intensifica e transborda.

Aos meus pais, Leize e Marco, pelo amor e dedicação com a minha família.

Mãe, obrigada por sempre me ensinar o caminho do Senhor, pelas conversas, orações, choros, jejuns e vitórias alcançadas.

Pai, obrigada por ser tão cuidadoso e zeloso com minha família.

Não poderia deixar de agradecer a vida de cada leitor deste livro, que o Senhor venha transformando e abençoando a sua vida.

"O Senhor te abençoe e te guarde;
O Senhor faça resplandecer o seu rosto sobre ti,
e tenha misericórdia de ti;
O Senhor sobre ti levante o seu rosto e te dê a
paz."
Números 6.24-26

Sumário

Ao recebermos Jesus em nossa vida, como nosso Senhor e Salvador, imaginamos que não teremos mais nenhuma pedra pelo caminho da vida terrena.

Aqui, nesta Terra, teremos aflições, angústias, medos, luto, choro, perdas e estações dolorosas. No entanto o Senhor diz, *"mas tende bom animo, eu venci o mundo"* (João 16.33).

Assim com Jesus venceu, somos vencedores com Cristo nesta vida, que é passageira. Somo passageiros, peregrinos numa Terra estrangeira, a nossa morada Eterna é o Céu, e suas ruas de ouro *(Apocalipse 21.21-27)*.

Todas as experiências, até mesmo as mais dolorosas, são para nosso crescimento, tanto pessoal quanto espiritual.

Passei por diversas situações que me trouxeram força e, espero poder ajudar a quem tem passado por circunstâncias desesperadoras, a saber que somente com Jesus conseguimos e podemos vencer.

Creio na Palavra de Deus, aqui tudo passará, o nosso foco deve estar na Vida Eterna, na qual as dores, transgressões e sofrimento deixarão de existir.

Por isso sigo meu alvo, que é Jesus, o qual morreu e ressuscitou para dar a vida Eterna, o Abba Pai que nos amou a ponto de enviar seu Filho Unigênito para nos salvar de uma vida eterna de sofrimento e o Espírito Santo que faz morada em nosso ser ao recebermos Jesus como Salvador.

Não veja as lutas que aqui passamos como um ponto final ou de destruição, e sim como aprendizado e crescimento. Não morra diante de situações difíceis, se renove, transforme e fortifique.

Uma cultura animal, que tem sido estudada e chegando a uma comprovação, é sobre a águia e sua renovação.

Diz a cultura que a águia aos 40 anos tem duas alternativas, morrer ou passar por uma renovação, na qual dura cerca de 150 dias, sozinha em uma caverna, trocando bico, unhas e penas. Um processo doloroso o qual é realizado por ela mesma, porém traz renovo de vida e força.

Veja a circunstância pela qual está passando como processo de amadurecimento, renovo e força.

O Senhor está aí do seu lado, garantindo a vitória e de braços abertos para te receber (Isaías 64.5).

Tenha uma visão de Deus para a sua vida e não uma limita como ser humanos que somos. Deus te vê entrando pelas mansões celestiais (2 Coríntios 5.1), basta tomar um posicionamento de Filho de Deus, andando nos caminhos do Senhor e crendo que Jesus é o Salvador.

Capítulo 1
Sua vida na mão do Deus Todo-Poderoso

"Sendo, pois, Abrão da idade de noventa e nove anos, apareceu o SENHOR a Abrão, e disse-lhe: Eu sou o Deus Todo-Poderoso, anda em minha presença e sê perfeito". Gênesis 17.1

No livro de Gênesis, capítulo 17 – se possível leia o capítulo todo – Deus aparece a Abrão (v1), significado pai de um povo, ele assim era chamado no começo deste capítulo, mas ao decorrer Deus mudou seu nome de Abraão (Abram), significando pai de um grande povo.

Esse primeiro versículo é lindo, como Deus apareceu a Abrão e se apresentou como "Eu sou o Deus Todo-Poderoso". O El Shaday – **Deus Todo-Poderoso**, DEUS-Rocha, Onipotente.

Quanto amor, cuidado e maravilha podemos ver nessa passagem. Quem somos nós para que Deus nos chame e se apresente?

Assim como chamou Abrão, Ele nos chama e se apresenta como El Shaday, o Todo-Poderoso, e faz uma nova aliança, basta estarmos sensíveis a Sua voz e nos posicionarmos diante de Deus e Sua aliança.

Aqui Deus aparece a Abrão, pai de um povo, e lhe faz um pedido *"...anda em minha presença e sê perfeito"* e no versículo 2, deste mesmo capítulo, Deus diz: *"E porei a minha aliança entre mim e ti, e te multiplicarei grandissimamente"*.

Deus faz a aliança e ainda completa que faria com que Abrão multiplicasse grandemente, com isso Deus muda o nome de Abrão para Abraão, sendo pai de povos e nações.

O nome sempre foi algo importante na Bíblia, era relacionado a uma característica, caráter, acontecimento durante a gravidez ou parto. Poderia ser dado um nome para homenagear uma pessoa ou divindade. O nome podia expressar a história de alguém, com isso vemos que a mudança que Deus fez no nome desse patriarca, refletia a transformação da história daquele homem.

É lindo ver o trabalhar de Deus nos mínimos detalhes. Primeiro Deus aparece a Abrão, e se apresenta como o Todo-Poderoso, Ele diz quem É. Não sai da boca de um homem esse **El Shaday,** mas sim o **próprio Deus se apresenta.**

Uma pessoa que não me conhece, não poderá falar o meu nome sem que eu seja apresentada ou me apresente:

— *"Olá, me chamo Karina"!*

Foi justamente o que Deus fez, Ele se autodesignou como o Todo-Poderoso, Aquele que tem todo o poder para mudar nome, histórias, circunstâncias, cumpre suas promessas e alianças.

Até aqui Deus se apresenta a Abrão (v1), em seguida faz uma aliança de que ele seria pai de muitos povos e nações. Uau, que perfeita conversa de Deus com aquele homem.

Com isso, Deus muda o nome de Abrão para Abraão (v5), porque uma nova história Deus tinha para aquele homem e sua geração, que ao decorrer dos demais versículos, a aliança feita com Abraão se perpetuaria por toda a sua geração.

Se pensarmos como era irônico o nome de Abrão, tendo significado paterno, pai honrado, pai exaltado, sendo que ele sofreu por anos por não ter um descendente, tendo o nome de figura paterna sem ser pai... AINDA.

Vamos voltar um pouco e paremos no versículo 3 (parte a), que lindo vermos o que ocorre com Abrão. Depois que Deus aparece e se apresenta como o Deus Todo-Poderoso, Abrão só tem uma atitude, cair sobre o seu rosto – v3: *"Então caiu Abrão sobre o seu rosto"*.

Abrão não pode se conter em ouvir Deus falar, a glória do Todo-Poderoso naquele lugar, ouvir aquela voz que é forte e mansa, o amor e glória num mesmo ser, o cuidado e a autoridade naquele nome, El Shaday.

Abrão não pode se segurar, imagino suas pernas bambearem, saber que o próprio Deus estava ali se apresentando, conversando, fazendo uma aliança, como um simples homem, que levava um nome que não era o devido para quem não possuía filhos, descendência alguma para perpetuar seu nome.

Deus tremendo é. Ele tem Todo o Poder para mudar nome, circunstâncias, pessoas, lugares e tudo mais que nem mesmo podemos imaginar, porque grande é o PODER DO NOSSO DEUS, o TODO-PODEROSO.

O restante da história vocês já devem conhecer, se ainda não, pegue a sua Bíblia e leia a partir desse capítulo (17), e ainda poderá ver que a esposa de Abrão, Sarai, assim como seu marido, Deus mudou o seu nome, Sara.

Passaram a ser conhecidos como Abraão e Sara, durante esse anúncio da promessa é que Deus muda seus nomes, uma nova estação estava por vir.

Sabemos que o caminho para Abraão ser pai de nações, foi um pouco turbulenta, lembre-se que mesmo com a promessa e aliança de Deus, Sara quis fazer da sua forma, e as coisas não saíram como deveria.

Deus poderia ter impedido? SIM. Porém ele deixou o livre-arbítrio (Provérbios 16.9a), fazemos nossas escolhas. Sara tinha já recebido uma promessa e um novo nome, não havia motivos para querer fazer do seu "jeitinho", mas fez, a demora em ser mãe, de gerar a fez tomar decisões errôneas, não aguardou o tempo de Deus.

Assim também somos, fazemos escolhas que nem sempre estão na direção de Deus. Dizemos: *"Ah, mas Ele não falou nada comigo!"* Você até pode me dizer isso, e te direi Deus fala sempre, nós que não queremos ouvir, entender, aceitar ou fazer o que o Senhor está falando.

Queremos nos mover por nós mesmo. Se mova em Deus, espere a ordenança do Senhor e esteja atento ao mover de Deus. Não se mova ou estagne sem Deus!

Então você me indaga novamente, como ouvir a voz de Deus? E eu te responderei, primeiro que Ele já falou antes que tudo fosse formado, livro de Gênesis, e já falou até mesmo como será no fim dos dias, livro de Apocalipse.

A Bíblia é completíssima com Sua Palavra, promessas, ordenanças, mandamentos, amor, cuidado, alianças, é nosso manual de vida aqui na Terra para garantir a vida Eterna.

Agora se você realmente quer ouvir a voz de Deus, a atitude é completamente sua de se lançar com o rosto em chão e render-se a essa voz que já está falando, se apresentando como o **Deus Todo-Poderoso**, que faz além do que pedimos e pensamos (Efésios 3.20), mas sempre de acordo com o poder dEle em nós, conforme o nosso posicionamento diante do El Shaday.

Conhecer o Deus Todo-Poderoso não tem segredo, nem barreira. Conhecer a Sua Palavra, render à Ele adoração, confiar que as promessas que fez, cumprirá na hora determinada.

Quero compartilhar uma promessa que o Pai Celeste fez a mim. A algum tempo recebi essa promessa, ainda não se cumpriu, mas creio que irá, e permaneço no tempo de Deus para que se cumpra conforme a vontade do meu Abba Pai.

A cerca de alguns anos, estava em um culto e o irmão que pregava disse que eu faria um culto de ação de graças em minha casa e naquele momento ouvi a voz de Deus dizer, essa é minha promessa para com você.

Eu recebi e creio, mesmo passados 15 anos daquela promessa, creio que chegará o momento que farei esse culto em minha casa.

No meio do caminho, tivemos um acontecimento muito desesperador na minha família, passado esse acontecimento, tudo resolvido, pensei que seria o momento de realizar um culto de ação de graças, para agradecer o livramento concedido por Deus.

Vou relatar o que nos aconteceu no ano de 2006.

Sou de família cristã, nasci e fui apresentada na igreja, meus pais sempre participaram de culto ao ar-livre, que são maravilhosos e edificantes, cultos nas praças e ruas, meu pai tocava na banda, meus pais cantavam no coral, quando se mudaram para a Bahia o trabalho de evangelismo continuou e crescendo, sempre se envolveram com a obra de Deus, daí meu amor em trabalhar para Deus.

Mas o ser humano gosta de mudar a sua história e deixar Deus como religião e não como o seu Todo-Poderoso em todas as áreas da vida.

Anos foram passando e meu pai se distanciou dos caminhos do Senhor, fez trocas erradas, trocas que quebraram aliança com Deus e com a família que ele havia formado, família que Deus deu a ele, uma mulher amorosa e uma filha que o admirava.

A profissão de meu pai exigia que ele viajasse com grande frequência, passava pouquíssimos dias em casa, era triste e grande a saudades que sentíamos, mas compreendíamos, até o momento que essas "viagens" passaram a ser mais frequentes e longas, e suas atitudes estavam diferentes.

Quando meu pai retornava para casa, era algo horrível, um tormento, ele havia se tornado um homem estúpido, grosso, sem carinho e respeito dentro do lar. Aquele pai e marido com quem convivíamos e conhecíamos, já não existia mais, nem mesmo os nossos vizinhos o reconheciam.

O pecado havia entrado naquele homem, ele havia se transformado, tinha dado lugar ao inimigo, perdido o caminho de Deus e ido para o caminho de trevas.

Mesmo diante daquele homem, que já não era o mesmo pai, Deus ainda assim zela. Cuidou da minha mãe e de mim, jamais meu pai nos agrediu fisicamente.

Continuávamos amando meu pai e sendo carinhosas com ele, mesmo que a nossos olhos humanos ele não merecesse, tínhamos a certeza de que Deus ali conosco estava e deveríamos ser luz.

A maneira como Deus cuidou da minha mãe é maravilhoso, ela permaneceu como a mulher preciosa e virtuosa (uma chayil), fez todos os tipos de orações, jejuou, se posicionou como a mulher sábia diante de um homem tolo – sugiro que leia a história de Abigail no livro de I Samuel 25 – minha mãe foi uma mulher que soube como conduzir a si e ao seu lar, por hora destruído.

Anos se passaram nesse tormento – lembre-se que eu havia recebi a promessa de que faria o culto de ação de graças - e em um certo dia meu pai desapareceu.

Sem nenhuma notícia dele, a empresa a qual ele deveria prestar serviço não o localizou, ele não atendia as chamas telefônicas. Eu havia sido alertada por Deus que algo aconteceria.

Foram dias difíceis com meu pai desaparecido. Minha mãe tem problema cardíaco, meu dever era cuidar dela e de como notícias ruins poderiam aparecer, e apareceriam, no entanto, Deus estava tralhando em meio ao que estava ocorrendo e acima de tudo, o Senhor estava cuidando das nossas vidas.

Sem respostas das empresas nas quais ele poderia estar trabalhando, fomos atrás de aeroportos, visto que por vezes o cliente pegava-o de jatinho e levava para algum serviço e não nos notificava. Não era o caso desta vez.

Ele não estava em nenhuma empresa, nenhum voo, lugar algum, nem em nossa cidade (interior de SP) ou em cidades próximas.

Ah como Deus cuida! Dias anteriores do que ocorreria, meu pai retornou para casa e pediu que fossemos com ele ao banco, transferiu um dinheiro para minha conta, naquele momento não entendemos aquela atitude, e depois que saímos do banco, nos deixou em casa e foi embora, "voltando para o trabalho", porém, ele não chegaria ao seu destino.

Naquele dia, lembro minha mãe dizendo que era uma despedida breve do meu pai, que Deus havia preparado algo. Isso havia ocorrido numa sexta-feira. No momento não entendemos e continuamos orando por ele.

No domingo posterior, Deus havia falado de um acontecimento doloroso, não sabia como e o que fazer, diante do que ouvi do Senhor.

Passado o final de semana, nada de contato com meu pai, dias preocupadas e procurando, e Deus cuidando de tudo, porque Ele é o Todo-Poderoso.

Nosso Abba Pai cuidou da minha mãe, alertando que algo aconteceu e que Ele estava no controle de nossas vidas e da vida do meu pai, tudo dependeria do posicionamento do meu pai diante do que havia já acontecido.

Depois de dias sem notícias, minha mãe e eu decidimos ir para capital (São Paulo) e percorrer hospitais, delegacias e IML. Não tínhamos ninguém para auxiliar e nem redes sociais para ajudar, seria minha mãe e eu, e o mais importante, Deus

Nos encontrávamos dentro do carro a caminho de São Paulo para procurar meu pai. Eis que recebo um telefonema, o mais feliz, desesperador e chocante notícia.

Era meu próprio pai, ligando e contando que estava no hospital, que havia levado um tiro e se recuperando bem.

Naquele momento pensei logo em minha mãe, ela estava bem ao meu lado, como contaria e o que faríamos. No entanto, Deus ainda estava cuidando de tudo, do meu pai, da minha mãe, de mim e da nossa família.

Dias depois, recebeu alta e fomos buscá-lo, meu pai estava em casa, sem sequelas, visto que o tiro foi na cabeça, perdendo massa cefálica, bem na parte frontal, na moleira.

Relatou que quando levou o tiro na cabeça, durante um assalto, estava caindo ao chão, e ouviu uma voz que dizia, *"volte para MIM e para sua FAMÍLIA"*. Naquele instante ele sabia que aquela voz era a voz de Deus, do todo Poderoso.

Daquele dia em diante, tudo começou a mudar, voltar na vontade de Deus, laços de amargura, traição, dor, feridas foram sendo curadas, quebradas e começou uma restauração.

Com isso pensei que a promessa de Deus em fazer um culto de ação de graças ocorreria, afinal meu pai havia voltado, a ovelha desgarrada, o filho pródigo havia retornado, mas ainda não era o meu culto, apesar da alegria e benção recebida, esse é o culto do meu pai.

Ainda espero essa promessa de Deus. Se passaram 15 anos e por vezes esqueço, então Deus me traz a memória, e sei que Ele cumprirá. Assim como demais promessas me foram feitas, fiquei na posição de Deus, e cada uma se cumpriu.

Da mesma forma como as minhas promessas se cumpriram e ainda cumprirão, as promessas do Senhor à Abraão se cumpriram e ele se tornou o pai de uma multidão.

Assim também Deus cumprirá a promessa feita sobre a sua vida, porém, lembre-se de estar na posição, direção e tempo de Deus, não queira fazer por si, por seu tempo, por suas forças, espere em Deus, somente o Senhor sabe o tempo certo e quando estaremos preparados para receber o que prometeu.

Confie em Deus, **o Senhor Deus, o EU SOU, o EL SHADAY, o TODO-PODEROSO,** nada pode impedir o agir desse Deus, somente nós mesmo, ao saímos da posição de verdadeiros adoradores.

Independente do tempo que leve, as promessas de Deus se cumprem, a nós, basta fazermos o que o Senhor falou a Abraão no v1 *"...anda em minha presença e sê perfeito"*.

Ande na presença de Deus, adore-O, leia e creia na Palavra, louve, siga os passos de Jesus. Erros cometemos, porém ao errar, pecar, ter sua fé abalada, peça perdão e saia do caminho do erro, renove a sua fé e creia primeiro que Jesus é o Salvador da humanidade, o Abba Pai sempre está de braços abertos para nos receber e o Espírito Santo intercede por nós. Esteja em posição de receber as promessas de Deus em sua vida, esteja na presença do **EU SOU.**

Capítulo 2
O mais lindo sacrifício

"Porque Deus amou o mundo de tal maneira que deu o seu Filho unigênito, para que todo aquele que nele crê não pereça, mas tenha a vida eterna". João 3.16

Em Gênesis 14.18-22, encontramos o sacerdote Melquisedeque abençoando Abrão, dando-lhe pão e vinho, ele o fez em nome do Senhor Altamente Exaltado.

Nessa passagem o uso do nome **El Elyon, Deus Altíssimo**, significado possui sentido de **Superior ou Altamente Elevado/Exaltado.**

Muitos identificam nessa passagem uma Cristofania, Melquisedeque descrito como um tipo de Cristo.

Em Hebreus 7.1,10 podemos ver novamente esse evento sendo citado. Melquisedeque ainda é citado em Salmos 110.4.

Em Hebreus 5.5,6 vemos a beleza de uma passagem em que Jesus é glorificado pelo Pai, na qual Jesus é o Sacerdote Eternamente, segundo a ordem de Melquisedeque:

"Assim, também Cristo não se glorificou a si mesmo, para se fazer sumo sacerdote, mas glorificou aquele que lhe disse: Tu és meu Filho, hoje te gerei. Como também diz noutro lugar: Tu és sacerdote eternamente, segundo a ordem de Melquisedeque"

O sacerdote tinha como função oferecer sacrifícios agradáveis a Deus. Primeiro o sacerdote oferecia sacrifício por si mesmo e posteriormente oferecia as ofertas pelos pecados em favor do povo.

Jesus não tinha razões para oferecer sacrifício por si, pois nEle não havia pecado, isso mostra sua muitíssima superioridade.

Jesus foi o único intercessor em favor da humanidade, segundo a ordem de Melquisedeque. **Com grande clamor e lágrimas Jesus ofereceu orações a Deus, e o Pai ouviu a oração de seu**

Filho, único Filho, por ser reverente, obediente e submisso ao Pai.

Jesus era o representante sagrado da humanidade, e como não fosse somente o nosso representante sagrado, o que deveria oferecer sacrifício pelos pecados do povo, Ele mesmo se ofereceu em sacrifício pelos nossos pecados, dores, transgressões e ainda garantiu a vida eterna.

Como um ser tão elevado, exaltado, superior pôde nos amar?

Pecadores, ofensores e de mal caminho, a ponto de morrer da pior forma e injustamente, sendo que não tinha pecados, sabia que muitos iriam negá-lo, não o reconhecer e nem receber em suas vidas como Senhor e Salvador.

Uau, mesmo sabendo que não seria aceito e reconhecido, nunca nos abandonou e luta pela humanidade.

Veio ao mundo, viver como cada um de nós, passou dores, morreu, o mais lindo, importante, majestoso e supremo, foi sua RESSUREIÇÃO .

A sua superioridade vai além da vida, venceu a morte, tem as chaves da morte e do inferno (Apocalipse 1.18).

Se ofereceu em sacrifício, morte de cruz e nos garantiu a vida eterna, pelo seu sangue derramado num madeiro, perfurado em suas mãos e pés, marcas que leva em si por nós, sua lateral perfurada.

Quando penso em tudo que Jesus passou por mim, e ainda sou uma pecadora, caminhando nessa terra, sabendo que aqui sou peregrina, o Céu é a minha morada, só posso adorar ao Deus Pai, que me amou tanto que ofereceu seu Filho para me resgatar.

Mesmo nascendo em um lar cristão e sendo apresentada na igreja, aos 8 anos, no apelo final do culto, eu senti de ir à frente e aceitar a Jesus como meu Salvador, fui ensinada sobre o amor de Jesus, do seu sacrifício, poder, misericórdia e não podia ficar sem Jesus na minha vida.

Até hoje, cada dia em minha oração aceito a Cristo como meu Senhor e Salvador.

Por que faço isso? Porque sou uma pecadora e a cada dia devo ser remida pelo Sangue de Jesus.

Viver sem Ele e sem viver aos pés da cruz, sou uma pessoa aparentemente boa, mas não serei boa sem o Senhor, pois é Deus que me direciona, me leva ao caminhar correto, me faz ser como Ele.

Durante meus atuais 37 anos, dos 12 aos 15 anos de idade, pouco frequentei a igreja, meu pai viajava muito a trabalho e minha mãe era muito doente, não podendo ficar sentada e nem em pé por longo tempo, tinha uma deficiência renal, além da cardíaca.

Outro motivo, que sem meu pai não tínhamos como ir. Certa vez que tentamos caminhar até a igreja, Deus nos livrou de sermos agredidas, mesmo morando a poucos quarteirões da igreja.

Com o receio de algo acontecer preferíamos não ir. Porém todos os dias fazíamos o culto doméstico, leitura bíblica, mas não é o mesmo sentimento do que estar na casa de Deus, ter um compromisso, porém em tudo Deus tem um propósito. Em minha casa recebi muitas bençãos, as quais relatarei.

Certo dia, estava com cerca de 16 anos, minha mãe havia voltado a dirigir, poderíamos ir com mais segurança para a igreja.

Em um dia a tarde Deus falou fortemente comigo que aquele dia era o momento de retornar para a casa do Pai.

Eu disse para minha mãe que tínhamos que ir. Nos preparamos e fomos. Era conferência missionário, foi lindo, Deus falou comigo, aquela presença forte, poderosa, mansa, acolhedora, amorosa, quentinha, alegre tomou conta do meu ser e nunca mais consegui deixar de ir à casa de Deus para adorá-lO.

Durante a semana a igreja permanecia aberta para oração e certa manhã, antes de ir para a faculdade, disse a Deus que queria servir na sua obra, nem que fosse para limpar janelas e banheiros, o que eu queria era servir na obra do Senhor.

Foi tão lindo que, quando menos esperei, estava trabalhando na recepção do departamento de jovens, logo na assistência social, no departamento de missões, depois crianças.

Cursei teologia, ajudei na biblioteca e venda de salgados da escola teológica, trabalhei na cantina. Onde chamasse lá eu estava, com alegria, dedicação e sempre pensando em fazer o melhor para o Senhor, que se ofereceu como sacrifício mesmo sendo **Supremo, Exaltado, Elevado e Santo.**

Servir a Deus, a Sua obra, ser filha do Aba Pai, ser morada do Espírito Santo, ter Jesus como meu Salvador, me faz ser uma pessoa melhor, mais feliz, amorosa, luz e salva pelo sangue de Cristo.

E sei que em Jesus sou uma pessoa melhor porque já estive em meio fio com Ele, um tempo sem ir para a igreja, nossa fé abala e então vemos a diferença.

Isso senti, então posso dizer e proclamar, sem Jesus sou uma pessoa incompleta, com uma felicidade passageira, me torno uma pessoa mediana.

Quando realmente sou amiga, serva e proclamadora de Cristo, sentido o Espírito Santo, ouvindo a voz do meu amado, então me torno uma pessoa feliz, completa, amorosa, melhor para mim e para os que me rodeiam.

Não tem como viver Cristo por sem uma verdadeira entrega, Ele é Supremo e Exaltado. Cristo tem que ser vivo no nosso ser, façamos como no cântico de Davi no Salmo 145.1:

"Eu te exaltarei, ó Deus, Rei meu, e bendirei o teu nome pelos séculos dos séculos".

"Ainda antes que houvesse dia, EU SOU; e ninguém há que possa fazer escapar das minhas mãos; agindo eu, quem impedirá?" Isaías 43.13

AMÉM!

Capítulo 3
O Deus Eterno está cuidando de você

"Bendito seja o Senhor Deus de Israel de século em século". Amém e Amém" Salmo 43.14

O **Deus Eterno**, que maravilha é servir a um Deus que o tempo não se mede, a distância não existe, e Seu Poder é imensurável. Deus não pode ser medido pelo tempo, porquanto o transcende, é sem começo e nem fim.

Isaías 40.28 diz:

"Não sabes, não ouviste que o eterno Deus, o Senhor, o Criador dos fins da terra, nem se cansa nem se fatiga? É inescrutável o seu entendimento"

A eternidade de Deus é um de Seus atributos. Deus permanece para sempre, por toda eternidade, Era, É e sempre Será. Uau, que Deus maravilhoso.

Quando lemos o livro de Gênesis e vemos que Deus criou os céus e a terra, cada espécie de animal, cada espécie de flor, frutos, fez as separações de seco e molhado, dia e noite, e tudo pelo poder de Suas Palavras, com amor, pensando em todos os detalhes.

Ele já existia antes disso tudo vir a existir, lá estava, aguardando o momento de transformar o mundo sem forma e vazio em um mundo repleto de belezas. Podemos imaginar a sua Eternidade. O **Deus Eterno, El Olam**, esse não tem começo, nem fim.

"Antes que os montes nascessem, ou que tu formasses a terra e o mundo, mesmo de eternidade a eternidade, tu és Deus". Salmo 90.2

Que lindo esse Salmo, uma declaração da eternidade de Deus, a Oração de Moisés – única associado a Moisés – um contraste da natureza humana, frágil com a natureza de Deus, ETERNA.

Essa oração (Salmo 90), mostra o quanto o ser humano é passageiro, uma vida breve, como uma erva que cresce, floresce e morre.

Devemos estar na direção do Senhor, porque o aqui não nos pertence, assim como diz em **Tiago 4.14,15**:

"Digo-vos que não sabeis o que acontecerá amanhã. Porque, que é a vossa vida? É um vapor que aparece por um pouco, e depois se desvanece.
Em lugar do que devíeis dizer: Se o Senhor quiser, e se vivermos, faremos isto ou aquilo"

Por isso **somos indefesos, impotentes diante de Deus, somos frágeis e temporários, Deus é forte e ETERNO.**

Deus é tão maravilhoso, mesmo com seu Infinito Poder, com a sua Eternidade, Ele nos ama, e através da fé podemos dar significado à vida.

Através das nossas renúncias a esse mundo passageiro, podemos ter a vida eterna em Jesus Cristo, que morreu e ressuscitou para nos dar a Eternidade no Céu.

Somos pecadores, falhos, rejeitamos ao Senhor, e mesmo assim Ele nos ama. Não ama atitudes que temos, ama quem somos, seus filhos, luta por nós para termos a vida abundante e Eterna.

O Senhor cuida até do que menos esperamos, os ordinários e simples detalhes, Ele cuida.

Certo tarde estava no Círculo de Oração, era dia de consagração, estava de joelhos e uma irmã se ajoelhou, impôs suas mãos no meu abdômen e começou a orar pelo meu útero, naquele instante não entendi, até onde sabia não estava com problemas e nem doença alguma, mas recebi a oração.

Durante anos, tive uma saúde perfeita, sem problemas no útero e demais órgãos. Deus vê além! Uau que Deus que cuida!

Confesso que nunca pensei em casar-me, gerar filhos. Caso me cassasse, queria adotar, acho uma linda atitude, era o que eu pensava e não o que Deus queria.

Conheci um jovenzinho - meu maridinho Atos - me apaixonei, namoramos, noivamos e nos casamos. Pronto... me casei. Uau! Não ficávamos falando de filhos, estávamos felizes, nos completávamos, trabalhávamos muito na casa de Deus.

Passaram-se dois anos de casadinhos, meu bem disse que gostaria de ser pai de uma menina.

Pensei, ah Jesus! Gostei da ideia e, ter uma menininha seria maravilhoso.

Então logo que planejamos, aconteceu, a oração daquela irmã foi forte, porque mal pensamos e Deus já enviou um bebê.

Lembro que tínhamos trabalhado no congresso de jovens, eu fiquei na cantina, carreguei muito peso, nadinha de descanso, tive até um sangramento, pensei que fosse meu ciclo natural.

Numa manhã, pós congresso, meu marido saiu para trabalhar, às 4:30 da manhã. Estava deitada, era um dia muito frio, porém resolvi levantar e fazer um teste de gravidez que já havia comprado caso desconfiasse. Lembre-se que Deus cuida.

E naquele dia pensei em pintar o cabelo, então sei que o Espírito Santo falou ao meu coração que deveria realizar o teste, Deus sabe que se caso pintasse o cabelo e depois descobrisse a gravidez me sentiria mal.

Deus nos conhece e nos ama. Cuidou de todos os detalhes, antes mesmo que eu soubesse, Ele já cuidava desse serzinho dentro do meu útero.

Fui sensível ao Espírito Santo e ali sozinha fiz o exame de farmácia.

Não acreditava que havia dado rapidamente positivo. Fiz mais dois de urina e um de sangue.

Ah emoção, medo, alegria e preocupação, quanto sentimento envolvido, e Deus cuidando de tudo. O mais lindo foi que ao surpreender meu marido com a notícia, Deus também já havia falado com ele da minha gravidez, e quando viu o teste, ele me disse que tinha conhecimento dessa benção.

Foi uma alegria, saber que tinha um bebê a caminho. As semanas se passaram, e descobrimos que seria uma menininha. Jesus Amado, quanta emoção, a nossa menininha estava a caminho.

Meses se passaram e Deus cuidou de tudo, foi uma gestação muito tranquila, fiquei super disposta, até emagreci saudavelmente, me alimentei corretamente, para que minha bebê nascesse com saúde.

Foi tudo muito abençoado, gestação, parto, pós-parto. Deus cuidou! Fiz cesárea, mas foi como se a Bia simplesmente tivesse sido transladada para fora do meu útero, sem dor, sem inflamação, tudo perfeito.

Porém, nem tudo foi um mar de rosas. Meses depois desencadeou uma depressão pós-parto e foi um tempo bem difícil, e hoje vejo que até nesse momento Deus estava me ensinando e cuidando – nos próximos capítulos irei relatar dessa doença cruel em minha vida.

E sabe por que Deus faz isso? Porque Ele ama e cuida, e mesmo que não aconteça como esperado, alguma situação em nossa vida esteja acontecendo diferente do que planejamos e sonhamos, talvez seu casamento não seja repleto de amor, ou até mesmo esteja destruído, seu filho não nasceu do modo como você planejou, ou um filho desgarrado, te digo que Deus está cuidando de tudo.

O que vivemos por aqui é passageiro, o importante é a nossa vida eterna, mas enquanto aqui estivermos, devemos nos manter com fé, sabendo que Deus deseja que todos sejam salvos em Cristo Jesus e vivam a eternidade nos Céus.

Que nosso posicionamento diante das circunstâncias da vida, faça com que Deus seja refletido em nossas atitudes, que as pessoas ao nosso redor vejam Cristo, que tenhamos o caráter de Deus em nossas ações.

Viver Cristo, a cruz que o feriu, que o levou a morte, a pior das mortes, morte de cruz (Filipenses 2.8), mas ressuscitou para nos dar a Vida Eterna, e não a passageira que aqui sofremos, nos angustiamos, sentimos dores.

Ansiamos pela vida de paz, luz e adoração ao ***Rei dos reis e Senhor dos senhores, o Alfa e o Ômega, El Shaday, El Elyon, El Olam.***

"EU SOU o Alfa e o Ômega, o princípio e o fim, o primeiro e o derradeiro. Bem-aventurados aqueles que guardam os seus mandamentos, para que tenham direito à árvore da vida, e possam entrar na cidade pelas portas".
Apocalipse 22.13,34

Capítulo 4

Deus te vê

"Os olhos do Senhor estão sobre os justos; e os seus ouvidos, atentos ao seu clamor". Salmos 34.15

El-Roi um dos nomes de Deus e que nome Forte, Eterno, Poderoso, O DEUS QUE VÊ.

A primeira passagem em que encontramos está em Gênesis 16.13:

"E ela chamou o nome do Senhor, que com ela falava: Tu és Deus que me vê; porque disse: Não olhei eu também para aquele que me vê?"

Nesta passagem, numa madrugada, Agar estava desolada, amargura e fugindo de Sarai. O Anjo a encontrou próxima a um poço, cansada, humilhada e grávida. Ali estava Agar, com intenção de renovar as suas forças e continuar em direção a Sur.

O Anjo então a conforta e diz para que volte para a sua senhora e se despede com grandes promessas.

Nesse encontro do Anjo com Agar, ocorre uma Teofania, designa a aparição do próprio Deus, de maneira que o homem possa suportar esse encontro.

Deus nunca deixou de avistar Agar, Ele ouviu o choro e pensamentos daquela escrava, a angústia e clamor do seu coração.

São inúmeras as passagens Bíblicas que encontramos essa verdade, Deus que nos vê. Como já disse, Ele é Eterno, Poderoso, Supremo, o Alfa e o Ômega, nada pode ficar oculto ao Deus que vê e sabe todas as coisas.

"Os olhos do Senhor estão em todo lugar,
contemplando os maus e os bons".
Provérbios 15.3

Estas são algumas passagens. A Bíblia está repleta de versículos que nos mostram e comprovam esse nome de Deus, El-Roi.

Como podemos nos enganar de tal maneira, a pensar que ao fecharmo-nos num lugar escuro Deus não verá, ou como separar a vida espiritual das demais áreas?

É impossível fecharmo-nos dentro de uma caixa ou ir a locais impróprios e ajuizarmos que estamos ocultos de Deus, que Ele não está vendo. Ele vê tudo, é Onipresente.

As mulheres sabem o que é perder cabelo depois da gestação, quase impossível contar quantos caem, pois é, Deus sabe os que caem, os que ainda estão na sua cabeça e até mesmo os que irão nascer.

Ele conhece cada fio e está tudo contado, Lucas 12.7:

"E até os cabelos da vossa cabeça estão todos contados. Não temais, pois; mais valeis vós do que muitos passarinhos".

Como cresci num lar cristão, sempre li a Bíblia, sei que Deus vê tudo, seja atos bons ou ruins.

Jesus Santo, quantos pecados, erros e atitudes erradas cometi e cometemos. Pensamentos e palavras torpes já saíram da minha boca, atitudes vãs e impróprias. O Senhor viu cada atitude, palavra e momento meu, ainda assim me amou e me resgatou. Deus amor a todos, somos pecadores, mas não ama os nossos pecados.

Quando você está no erro, por vezes pode até esquecer que Deus está te vendo, ou dizer que aqui Ele não está porque não quero.

Ah, impossível! Ele estará sim! o Deus que vê tudo, Ele me vê em todas as circunstâncias.

Depois que você comete um pecado, ou mesmo um errinho ou pecadinho, não importa é pecado, vem a consciência e diz que seu comportamento foi inconveniente.

Então, não é bem sua consciência, é Deus falando, o Espírito Santo te alertando e querendo te resgatar desse pecado, erro, caminho errôneo e torto.

Deus nos ama tanto, mesmo vendo o ontem, o hoje e o amanhã, sabendo dos nossos erros, angústias, desesperos, o Senhor vem e fala que não precisamos continuar da forma que estamos, que devemos nos posicionar perante Ele, deixar que o Senhor guie as nossas vidas, que o Espírito Santo faça morada em nosso ser, basta entregarmos nossa vida a Jesus, Ele está de braços abertos para nos receber, suas mãos e pés furados, cravados por amor a ti e a mim.

Uau! Que Deus lindo, que me vê, e mesmo assim me ama, luta por mim, quer que eu esteja pertinho dEle, que eu passe a eternidade ao seu lado, coma do banquete que tem preparado para mim, more nas mansões celestiais.

Que Deus maravilhoso e amoroso.

Um Deus Poderoso que não me julga como os homens fazem, não joga diante da minha face os meus erros.

Diferente do homem acusar, nosso Deus não acusa, não humilha, nem desampara.

O Deus de amor, justiça, bondade lança todos os meus erros e pecados nas profundezas do mar, onde é irrecuperável, definitivamente perdido, **Miquéias 7.18,19:**

"Quem, ó Deus, é semelhante a ti, que perdoas a iniquidade e que te esqueces da rebelião do restante da tua herança? O Senhor não retém a sua ira para sempre, porque tem prazer na benignidade. Tornará a apiedar-se de nós, subjugará as nossas iniquidades e lançará todos os nossos pecados nas profundezas do mar".

Ela apaga as nossas transgressões.

"Eu, eu mesmo, sou o que apaga as tuas transgressões por amor de mim e dos teus pecados me não lembro". Isaías 43:25

Como deixar de amar um Deus que me vê, até mesmo no mais íntimo do meu ser, Aquele que me criou para servir, me desgarrei, ainda assim me ama, luta por mim, e quando volto minha vida, meu ser à Ele, deixando meu velho eu, minhas velhas atitudes, Ele apaga, lança meus pecados e transgressões nas profundezas (Miquéias 7.18,19).

Que Deus Poderoso, Deus Amoroso, Deus Benigno, Deus Lindo, que Abba Pai!

Deus nos formou, fez cada pedacinho do nosso corpo, Ele nos fez, Ele nos vê.

"Aquele que fez o ouvido, não ouvirá? E o que formou o olho, não verá?" Salmo 94.9

Impossível deixar de servir a esse Deus, amar a esse Deus, de ser filha desse Deus, ser salva por esse Deus, ser guiada por esse Deus, ser cuidada por esse Deus, ser surpreendida por esse Deus, ser amparada por esse Deus.

El-Roi, Deus que me vê, vê a você. Deixe Deus entrar na sua vida, que o passado, pecado e transgressões Ele apague, lance nas profundezas do mar, seja uma nova criatura.

Todos os dias em minha oração entrego meu ser a Deus, sou pecadora, porque nascemos pecadores *(Romanos 6.23)*, mas não precisamos e nem devemos viver no pecado.

Jesus já morreu para nos livrar de todo o pecado, transgressão, dor, angústias, aflições e sofrimento.

Jesus levou a mais pesada cruz, todo o pecado da humanidade estava ali, naquela cruz, nos ombros, nas mãos, pés, cabeça e lateral de Jesus.

A nós, basta servos novas criaturas (2 Coríntios 5.17), receber ao Senhor como Salvador, levar as marcas de Cristo, ser filhas e filhos do Aba Pai, ouvir a voz do Espírito Santo.

Que Jesus entre em seu coração, em sua vida, e a cada dia possa se alimentar do verdadeiro pão e beber da água da vida *(João 6.35)* que é JESUS!

O EU SOU O QUE VÊ A TUDO E TODOS!

"Porque os olhos de Deus estão sobre os caminhos de cada um, e ele vê todos os seus passos".
Jó 34.21

"Esconder-se-ia alguém em esconderijos, de modo que eu não o veja? — diz o Senhor. Porventura, não encho eu os céus e a terra? — diz o Senhor". Jeremias 23.24

Capítulo 5
O sustentar de Deus

"O Senhor é o meu pastor e nada me faltará"
Salmo 23.1

Quero começar lhe dizendo para que não se desespere, confie em Deus, o Senhor proverá na sua vida, somente creia!

Jeová Jireh transmite com clareza que Deus vê a sua necessidade e **provê o que lhe é necessário.**

Deus proverá, encontramos em **Gênesis 22.8,14**, Abraão utilizou esse nome quando Deus providenciou um cordeiro para sacrifício no lugar de Isaque.

Durante a caminha para o holocausto, Isaque pergunta a seu pai onde estaria o cordeiro para o sacrifício:

"E disse Abraão: Deus proverá para si o cordeiro para o holocausto, meu filho. Assim caminharam ambos juntos". (v8)

Chegaram ao local, colocaram em ordem a lenha, Abraão amarra Isaque para o colocar sobre a lenha. Naquele momento o Anjo do Senhor – novamente ocorre uma teofania – bradou dos céus dizendo que nada precisaria fazer com o seu filho. Ainda preparou o carneiro, o qual Abraão o toma e ofereci-o, em lugar de seu filho, no **versículo 14** é dito:

"E chamou Abraão o nome daquele lugar: o Senhor proverá; donde se diz até ao dia de hoje: No monte do Senhor se proverá".

Vemos a obediência e confiança de Abraão ao Senhor, em oferecer o filho amado em holocausto. Ele temia a Deus e não negou o seu único filho.

Abraão é um exemplo de fé para todos nós. Para Deus Abraão não precisava convencer da sua fidelidade, pois Deus já conhecia o coração de Abraão. É um exemplo de fé para humanidade.

Isaque, que filho obediente, a confiança em seu pai, compreendia que não lhe causaria mal algum.

Você pode imaginar tendo que sacrificar seu filho, oferecer em holocausto, mesmo que tivesse três, cinco, infinitos filhos, seria uma dor.

Abraão não negaria nada ao Senhor. Que testemunho de fé e vida diante de Deus.

O Anjo do Senhor bradar. Uau, que maravilhoso! Imagino a alegria de Deus em ver um ser que poderia dar qualquer desculpa, negar o filho à Deus, dizer que não seria justo dar seu único filho em sacrifício, filho da promessa, filho tão amado.

No entanto, Abraão não negou.

Diante dessa passagem de Gênesis, vemos o que Deus Pai já tinha preparado para Jesus, em dar seu Unigênito como sacrifício para salvar a humanidade, que ainda o rejeita.

Porém, diferente de Abraão em que o carneiro foi providenciado por Deus, Jesus não poderia ser trocado na cruz por um carneirinho, pois Ele mesmo é o Cordeiro de Deus, que tira todo o pecado do mundo (**João 1.29**).

Vejo meus filhos e se algo acontecesse com eles, alguém os machucasse, uma doença os tirasse de mim, como ficaria o meu coração. Seria arrasador, devastador, uma ferida profunda.

Deus nos fez a Sua imagem e semelhança, deseja que estejamos sempre diante dEle.

O pecado entrou no mundo e fomos escravizados, temos deixado de ser semelhantes ao Criador.

Todavia, Deus quer que voltemos à Ele, por isso enviou Jesus, Filho obediente, para morrer por nós, a fim de que nos reconciliássemos com o Pai.

"No dia seguinte João viu a Jesus, que vinha para ele, e disse: Eis o Cordeiro de Deus, que tira o pecado do mundo" João 1.29

Deus Proverá, Ele realmente sabe das nossas necessidades e provê, quando menos esperamos, e até antes mesmo de percebermos a necessidade.

Não podemos duvidar de Seu cuidado, pois a Palavra diz que o Senhor até mesmo cuida das aves quando essas clamam a Deus **(Jó 38.41).**

Durante a pandemia de 2020 passamos meses conturbamos financeiramente, como muitas outras família também passaram.

Após o nascimento dos gêmeos, em 2019, estava complicado, eles não mamaram no peito depois dos 4 meses, e antes também intercalávamos leite materno e fórmula, era um gasto, sem contar as fraldas e ainda tinha a nossa primogênita para cuidar. Foi um tempo árduo.

Em 2020 com a pandemia, meu marido não tinha trabalho, como corretor imobiliário não podia realizar visitas frequentemente, fez outros trabalhos, mas o sustento vinha da empresa do meu pai.

Porém também não tínhamos trabalho, tudo parou. De onde viria o dinheiro para nos suster?

Deus Proveu, não deixamos de ter alimento, pagar as contas, até mesmo a escola da Bia, ela pode voltar, em meio a pandemia, Deus cuidou, providenciou e supriu.

Até mesmo na saúde, ninguém ficou doente, cumprimos a quarentena e continuamos cumprindo – ainda estamos na pandemia, com fé de que logo passará – durante o inverno, estação que todos ficam com problemas respiratórios, não tivemos nem mesmo um nariz escorrendo.

Você me pergunta, e as famílias cristãs que passam necessidade, Deus esqueceu-se delas?

Eu te direi, Deus não esquece dos filhos seus, podem não ter em abundância, o motivo, só Deus sabe, em tudo há um propósito. O Senhor provê o sustento aos seus filhos, nunca desampara e nem se esquece. A nossa maior riqueza não são os bens, o alimento que comemos, e sim a nossa fé. Deus ouve o nosso clamor e provê.

Quando era mais jovem, minha família passou um tempo de dificuldade financeiro, lembro que certo dia minha mãe disse que voltaria um cheque, não tínhamos como cobrir, estávamos sem dinheiro, naquele instante disse para ela, mesmo que fosse no último segundo Deus iria entrar com providência.

E foi justamente o que aconteceu. Exatamente no último segundo do fechamento bancário, um dinheiro entrou na nossa conta, cobriu o cheque e proporcionou uma margem de dinheiro na conta.

Sempre que ficamos mais apertados falo que Deus providenciará e se não fizer, em tudo o Senhor tem um propósito e um porquê.

O motivo pelo qual Deus permite passarmos por determinada situação, somente o Senhor Onisciente para saber, no entanto, digo que em tudo devemos aprender e não murmurar, confiar e não amaldiçoar.

Sei o quanto é difícil e doloroso vermos o alimento faltando, sem dinheiro para pagar a moradia, uma peça de roupa não poder ser comprada, diante dessas circunstâncias que exercemos a nossa fé e cremos que **Deus proverá, Jeová Jireh.**

Que nossa fé esteja firmada em Deus, mesmo que aparentemente não tenha solução, Deus proverá e suprirá a minha e a sua necessidade, seja ela espiritual, conjugal, familiar, financeira, física, profissional ou causa impossível.

Em tudo o Senhor tem um propósito, tempo determinado, local, modo para operar. Lembre-se, jamais o Pai se esquece de um filho seu.

Tenha uma posição e atitude de filho amado, o Aba Pai cuida de você. Permita Jesus a cada dia entrar e reinar em sua vida, entregue as suas dores, medos, angústias e temores na mão do **TODO PODEROSO, do DEUS QUE PROVÊ, do EU SOU, o LEÃO DA TRIBO DE JUDÁ, o ALFA e o ÔMEGA.**

"Lançando sobre ele toda a vossa ansiedade, porque ele tem cuidado de vós" I Pedro 5.7

Creia na Palavra de Deus, tenha fé que o Aba Pai está provendo, creia no sacrifício, morte e ressurreição de Cristo, ouça a voz do Espírito Santo, o Senhor te susterá aqui.

"Sei que o SENHOR sustentará a causa do oprimido e o direito do necessitado". Salmo 140.12

Capítulo 6
Somos Peregrinos

"Ainda que eu andasse pelo vale da sombra da morte, não temeria mal algum, porque tu estás comigo; a tua vara e o teu cajado me consolam"
Salmo 23.4

Uau! Iniciamos o capítulo com esse lindíssimo verso do Salmo de Davi.

Agora quero que reflita em **Êxodo 15.26**, a maneira de estar na presença do Senhor, em poucas linhas vemos uma ordenança completa do modo de viver:

"E disse: Se ouvires atento a voz do Senhor teu Deus, e fizeres o que é reto diante de seus olhos, e inclinares os teus ouvidos aos seus mandamentos, e guardares todos os seus estatutos, nenhuma das enfermidades porei sobre ti, que pus sobre o Egito; porque eu sou o Senhor que te sara".

***Jeová Rafá*, Deus que Cura/Sara.** Diversos são os textos Bíblicos que trazem esse nome, tanto relacionada a cura de enfermidades físicas, quanto a cura espiritual - cura pelo perdão dos nossos pecados.

Deus disse que deveria ouvir com atenção a voz do Senhor, estar a tento o que diz, não somente ouvir quando conveniente e nem ouvir o que deseja ouvir, e sim **ouvir atentamente a voz do Senhor.**

Afaste de ser como o restante dos povos, deixar de ser conforme os meus olhos ou de acordo com que o mundo anda.

O nosso modo de ser, agir, o que diferenciaria dos outros povos, ser retos diante dos olhos do Senhor.

A obediência aos mandamentos e estatutos do Senhor, ter ouvidos e guardar cada um deles, obedecendo e seguindo, justamente por ser o povo de Deus.

O Senhor cuidaria deles, desde que seu modo de ser, sua alimentação, moradia, o povo deveria ter uma conduta como ordenou o Senhor.

Então o **EU SOU**, diz que nenhuma enfermidade, as quais havia colocado sobre o Egito seria sobre o povo de Deus, porque Ele é o Jeová Rafá, o Deus que Cura, seja enfermidade física ou espiritual.

Que lindo o cuidado que Deus tem sobre os seus, porque Ele ama e não quer que soframos.

Da mesma forma como um pai e uma mãe se entristecem ao ver o filho doente, imensuravelmente é o Pai Celeste ao ver seus filhos enfermos.

Todas as vezes que lemos as Sagradas Escrituras, Deus fala algo novo, e isso também difere para cada pessoa, uma passagem pode me tocar mais ao coração enquanto outra fala mais com você, porém ela não muda e não tem vários significados.

A Bíblia não muda, nem mesmo pode ser alterada. A Bíblia possuem diversos relatos, passagens e acontecimentos pessoais e históricos e dessa forma, uma determinada passagem fala mais com um leitor do que com outro.

A Palavra de Deus é rica e oculta a nós que, por vezes, queremos só ver com os olhos carnais e não espirituais.

Todas as vezes em que li a Bíblia inteira, passagens me falaram de maneira diferente, mas em todas posso ver o amor e cuidado de Deus para comigo.

Ao lermos essa passagem acima, de Êxodo, vemos o cuidado completo do Senhor para com seu povo. Nós somos povo do Senhor, a partir do momento que servimos a Cristo, entregamo-nos ao Senhor, somos o povo e filhos de Deus, Ele é o nosso Aba Pai, que cuida, protege, livra e nos leva pelo caminho correto até chegarmos na eternidade, Jesus é o Senhor e Salvador.

Isso não quer dizer que teremos uma vida sem tribulações. Em tudo há um propósito, de nos provar o amor que sentimos por Deus e nossa confiança no Senhor, e simplesmente por estarmos em um corpo corruptível **(I Coríntios 15.33-58)** e sujeito as coisas dessa vida.

Deus nos ama incondicionalmente, um amor Ágape que não pode ser medido, nem mensurado. Porém, como um Pai que ama, Ele não pode ficar fazendo somente da nossa vontade, senão só o amaremos quando estiver tudo bem e somente se Deus fizer o que e como eu quero.

Deus quer que o amemos independente das circunstâncias. Ele nos amou primeiro **(I João 4.19)**.

Veja Jó, logo no primeiro versículo do livro que leva seu nome diz que ele era um homem integro, reto e que se desviava do mal.

Então indagamos: Por que aconteceu todo aquele mal com ele? Por que Deus permitiu que Satanás fizesse tudo aquilo?

Sugiro que leia o livro de Jó, não somente com os olhos carnais e sim com os espirituais, com os olhos e ouvidos atentos a Deus.

Deus permitiu Satanás testar a Jó, mas com limites. Deus tem poder sobre tudo e todos.

Jó diante de tudo horrendo que lhe aconteceu permaneceu na sua posição de servo de Deus.

Perdeu tudo e todos (exceto a esposa), ficou enfermo, foi acusado por seus amigos, diziam que estava passando por aquilo por castigo dos seus pecados.

No final, lemos que Jó questiona Deus e aprende valiosas lições sobre a soberania e necessidade de confiar totalmente no Senhor.

Então Deus restabelece a saúde, felicidade e prosperidade muito além do que era anteriormente.

Temos Jó como exemplo de passarmos pelas dificuldades, anseios, dores e perdas, saber que a soberania de Deus e a nossa fidelidade ao Senhor, nos faz passar, enfrentar e vencer.

Se fosse relatar o tanto que Jeová Rafá já operou, seria inúmeros a lhes contar, seja na minha vida, quanto na vida de meus pais, tanto cura física quanto cura espiritual.

Uma das piores enfermidades pela qual passei foi uma depressão pós-parto. Sentimento horrível, que visão distorcida, um desespero, angústia, medo, sentimento de morte e até mesmo pensamento de como tirar a minha vida e da minha filha.

É uma doença cruel, não é frescura, é uma doença mental, psicológica, que muitas mulheres passam e não tem apoio.

Muitos religiosos pensam ser uma doença espiritual, deixando de cuidar daquela pessoa enferma.

No meu caso tinha vergonha de falar o que estava passando, somente eu, meu marido e pais sabíamos aquele horror, confesso que tinha vergonha de como estava e do que sentia, e o que as demais pessoas pensariam e diriam sobre meus estado mental.

Como disse anteriormente, minha gestação, parto e pós-parto foram muito abençoados e tranquilos, porém desenvolvi essa doença, seja pela correria do dia, tudo novo, uma novidade ter uma bebê aos meus cuidados.

Ouvia coisas horríveis que poderiam ocorrer se não ficasse atenta, morte subida, engasgo, refluxo, foram muitas informações desnecessárias, visto que a Bia nunca regurgitou.

Era uma bebê que mamava muito, passa até uma hora mamando, sempre teve uma saúde perfeita.

Infelizmente fui atingida por essa enfermidade, e digo que é uma enfermidade cruel.

Mesmo diante dessa situação, jamais deixei de crer em Deus, louvar, orar, buscar, ir à casa do Pai, porque sei que tudo Deus permite com um propósito.

Esses pensamentos horríveis, sentimento de tristeza e até mesmo de morte, eram setas malignas, pensamentos malignos sim, mas eu não era do maligno, pois minha fé e arrependimento estavam em Deus.

Quando esses pensamentos vinham, repreendia, entregava meus sentimentos a Deus, pois sei que Ele é o Deus da Cura.

Nessa vida estamos sujeitos a enfermidades e situações angustiantes. É diante desses momentos que somos revelados como cristãos, como filhos de Deus, como templos do Espírito Santo, como salvos e remidos pelo sangue de Cristo.

Essa é uma doença na mente e Satanás acaba usando um ponto que está fraco para tentar minar a vida, porque para ele isso que importa, roubar vidas das mãos do Senhor, tudo depende do nosso posicionamento diante da luta, lembrando que sempre temos Deus ao nosso lado.

No meu caso, eu não fui atrás de ajuda médica, no entanto, cada pessoa deve seguir o que for melhor para si, se for médico, que assim seja, o que lhe traga uma solução segura, que faça bem a você e aos que te rodeiam.

Lembro que a Bianca, minha primogênita, tinha quase um aninho, certa noite me sentia muito entristecida, falei para meu marido que para mim bastava aquela situação, sentimentos e pensamentos doentios, horríveis, depressivos e de morte.

Naquela noite fiz uma oração tremenda, repreendia toda seta maligna, doença física e psicológica, pensamentos mortais, falei e declarei ao Senhor que Ele é o dono do meu ser, que eu pertenço a Ele, tinha fé que somente Deus poderia me tirar daquela situação horrível, **clamei ao Senhor por socorro.**

A partir daquele momento, comecei a sentir uma diferença em meu ser, foi um processo, cada dia lançar nas mãos do Aba Pai as minhas angústias e medos, e fui vencendo em Jesus e me tornei uma mulher e mãe melhor.

Sei que em tudo Deus tem um propósito, se passei por isso, é porque posso ajudar outras mulheres e pessoas que estão passando por uma depressão.

Fui curada para poder ajudar na cura de outras mulheres. **Seja curado da sua enfermidade também!**

Deus sabia que poderia vencer no nome dEle, somente o Senhor sabe até onde posso suportar. Em I Coríntios 10.13 diz:

"Não sobreveio a vocês tentação que não fosse comum aos homens. E Deus é fiel; ele não permitirá que vocês sejam tentados além do que podem suportar. Mas, quando forem tentados, ele lhes providenciará um escape, para que o possam suportar".

Jeová Rafa quer entrar na sua vida e te curar, seja física ou espiritual.

Lembre-se que a doença espiritual é a qual Deus quer curar, tendo cura espiritual a vida eterna é assegurada.

Somos peregrinos nesta Terra, se Deus não curar a sua enfermidade física – o porquê somente Ele sabe, mas digo que te sustentará - o importante é a vida eterna, essa jamais terá fim, será de paz, saúde, alegria e adoração.

O Aba Pai não só me curou de uma depressão, anos antes curou o meu espírito, dessa forma sendo curada espiritualmente, com Cristo Jesus eu pude vencer a depressão.

Como disse, nasci no lar cristão, fui apresentada na igreja, contudo, passei por um momento bem difícil espiritualmente, minha mãe sofreu comigo, no entanto, nunca deixou de lutar, orar e jejuar por mim, crendo que Jesus me libertaria e eu seria salva.

Certo dia pensei em tirar minha vida, levo uma marca em meu pulso por essa tentativa.

Deus tocou ao coração dela em expulsar qualquer espírito maligno. Recordo que ela me tocava e eu sentia minha pele queimar, ela orou e eu repeti que queria Deus na minha vida, reconhecia Jesus como meu Salvador e O recebia como meu Senhor!

Naquele momento a minha cura espiritual ocorreu, eu tinha em torno de 12 anos, e foi uma mudança de vida, de atitudes, me tornei outra pessoa e outra filha.

Tudo que passei foi para um propósito, poder ajudar pessoas que passam por isso ou tem passado com alguém querido, ou até mesmo para pessoas que querem ajudar outras a terem a cura espiritual.

Demais enfermidades me vieram. Já adulta, retirei a vesícula, a qual corria o risco de uma pancreatite. Depois da cirurgia desencadeou uma hérnia ventral e por causa da pandemia (Covid-19) não pude operar ainda, até que passe o risco.

Ainda assim agradeço a Deus, porque o Senhor tem cuidado de mim e me deixado sem dor. Se quiser curar eu recebo e desejo essa cura, caso precise ir para uma mesa de cirurgia, continuo agradecendo ao Senhor.

Enquanto estivermos nesse corpo, teremos enfermidades físicas, as pessoas próximas ficarão doentes e até mesmo falecerão. Não podemos evitar, é o ciclo da vida.

Se há saúde espiritual, não importa a morte física, uma vez que a vida não terminou e sim começou, a **VIDA ETERNA.**

Desejo que tenhas saúde física, porém meu maior desejo e expectativa é que tenhas saúde espiritual.

Diante de obstáculos, enfermidades, perdas e tantos outros acontecimentos que nessa vida podemos vir a ter, lembre-se que tudo aqui é passageiro, um dia estaremos na eternidade, nosso corpo será transformado, curado e será incorruptível.

Deixe Deus te renovar, restaurar e mudar a sua história, tome posicionamento de **FILHO DE DEUS.**

Que Jeová Rafá entre na sua vida. Jesus o Salvador, o Senhor que Cura e te garante a Vida Eterna.

Como disse Paulo em Filipenses 1.21:
"Porque para mim o viver é Cristo, e o morrer é ganho".

Capítulo 7
O Senhor é a minha Bandeira

*"E Moisés edificou um altar, ao qual chamou:
O SENHOR É MINHA BANDEIRA" Êxodo 17.15*

Moisés utiliza esse nome de Deus, após os israelitas vencerem o exército dos amalequitas, atribuindo um altar a Deus, que lhes deu a vitória, fez esse memorial - **"O SENHOR É A MINHA BANDEIRA".**

Outras batalhas viriam, Deus continuaria dando vitória, pois a Bandeira foi colocada em lugar de

destaque, o Senhor dos Exércitos batalha conosco e
faz-nos vencer a guerra em Teu nome.

"O nosso redentor cujo nome é o Senhor dos Exércitos, é o Santo de Israel" Isaías 47.4

Uau! Realmente para Deus não há limites, nem separação, Ele é o nosso Senhor em todo o momento, até mesmo diante de uma guerra, Ele é o dono da nossa nação.

Aquele que aceita fazer parte do povo de Deus, servir a Cristo, recebe o título de filho de Deus, ser coerdeiro de Cristo, leva a bandeira da salvação.

Quando pensamos em bandeira, visualizo um mastro, num lugar alto e visível a todos, do mesmo modo, essa bandeira deve estar visível em cada servo de Deus.

Lembro-me de quando era criança, às quintas-feiras cantávamos o hino nacional e hasteava a Bandeira Brasileira, a qual acho linda e cada detalhe de cor e forma possuem um significado, ela simboliza o nosso país, os mares, as florestas, os Estados, toda bandeira tem sua denotação. Era um lindo momento, seguido do hasteamento da bandeira e cântico do hino da cidade.

Quando lecionei em outra cidade, tive que aprender o hino e sobre a bandeira daquele lugar. Cada município, cidade, Estado e país possuí seu hino e bandeira, isso se deve pelo poder territorial, sua marca diante das demais nações e povos.

Ao declaramos Jeová Nissi em nossas vidas, também temos essa bandeira e hino em nós, a Bandeira da Salvação e o Hino da Vitória, de louvor e adoração ao Senhor.

Como disse, uma bandeira é colocada sempre em lugar de destaque, lugar alto, posicionamento correto, para que todos vejam que aquele lugar, território já é posse de alguém.

Assim somos nós, quando deixamos Cristo entrar em nossas vidas, passamos a pertencer à Ele, levamos as marcas de Cristo em nossas vidas e devemos ser como o Senhor.

Jesus sendo a nossa Bandeira, necessita transparecer as outras pessoas, devemos ser luz, fazermos o diferencial como cidadãos, ser zelosos com a Palavra e com as pessoas, nossas atitudes serem exemplo, transmitir paz, ser dedicado ao Senhor, fora e dentro da igreja.

Ao sermos exemplo de pessoa e cidadão, cristão verdadeiro, transmita paz, confiança, justiça, amor e respeito, para os que ainda não andam em Cristo, passem a ter anseio por Deus, justamente ao ver que somos um bom diferencial diante de outras pessoas.

Por onde passar, leve a paz, amor, cuidado, luz e cura. Não deixe um rastro de confusão, briga, desleixo, mentira, dor, sofrimento e guerra.

"Ora, o fruto da justiça semeia-se na paz, para os que exercitam a paz" Tiago 3.18

Que o EU SOU, através de você se mostre aos que estão cegos espiritualmente, que vejam Cristo através de você, que sua Bandeira seja Cristo, que sua Bandeira fique no lugar mais alto e todos possam ver o verdadeiro e único nosso Senhor e Salvador.

Seja usado nas mãos de Deus, para que mais e mais pessoas hasteiem a Bandeira da Salvação.

Que Jeová Nissi seja nas vidas de muitas pessoas que andam perdidas, desesperadas por paz, amor e vitória.

Vamos levantar a Bandeira de Cristo, declarar que Ele é o nosso Senhor, dono de todo o nosso ser, nosso Pai Celeste, doce Espírito Santo, que está esperando a cada um de braços abertos.

A Bandeira já foi hasteada na cruz do Calvário, quando Jesus morreu por nossos pecados, não ficou morto, ressuscitou para nos dar a Vida Eterna sem guerra, sem sofrimentos e sem dores. A vida eterna cheia de PAZ.

Coloque a Bandeira no lugar mais alto, deixe o Senhor no mastro da sua vida!

Faça como Moisés e declare hoje: **JEOVÁ NISSI! O SENHOR É A MINHA BANDEIRA!**

*"Bem-aventurados os pacificadores, porque
eles serão chamados filhos de Deus"*
Mateus 5.9

Capítulo 8
A Justiça de Deus

"Se confessarmos os nossos pecados, ele é fiel e justo para nos perdoar os pecados, e nos purificar de toda a injustiça". I João 1.9

Deus levantou Jeremias como profeta. O povo Judeu estava vivendo tempos de idolatria e apostasia, com isso se revelou como ***Jeová Tsidikenu,*** prometendo que justificaria o povo.

Ocorre uma restauração do povo no reinado de Josias – servo de Deus - uma renovação espiritual e justiça para os oprimidos, Deus assim fez.

Um concerto davídico, em que um governo justo seria Judá e Jerusalém, as promessas messiânicas de restauração, libertação, salvação e Justiça, as quais se cumpriram em Jesus, o **"Senhor, Justiça nossa"**, em **Jeremias 33.16** lemos a reafirmação de Deus à essa promessa.

No entanto, a maior promessa estaria por vir, Deus sempre cumpre o que diz, Jesus veio a esse mundo a fim de justificar-nos, por intermédio de seu sangue derramado na cruz.

Minha família e eu passamos por uma causa na justiça, que parecia impossível de ser resolvida, foram anos de espera. No entanto, Deus foi justo, fez justiça e conseguimos essa benção.

Parece delongar, todavia Deus trabalha na vida dos seus filhos, o Senhor está cuidando daquilo que somente você e Deus sabem.

Talvez uma calúnia, ofensa, te desmoralizaram, humilharam, foram cruéis com você ou a uma pessoa queria.

O homem pode fazer o mal e perseguir, contudo, o servo de Deus tem um Senhor Justo e cumpre a Sua Justiça.

A verdade é revelada, os que foram humilhados serão exaltados, os ofendidos serão curados, os que desmoralizam serão punidos, os injustos serão castigos.

> *"O Senhor faz justiça e juízo a todos os oprimidos" Salmo 103.6*

Já passei por calúnias e ofensas, e sei que dói, se não entregamos nas mãos de Deus, temos a tendência de plantar uma semente de ódio e rancor em nosso coração.

Somos tendenciosos a remoer uma ofensa ou injustiça. Anos podem passar, ainda assim trará rancor.

Esse sentimento vai crescendo dentro de você, já não está somente em seu coração, já tomou conta de seus pensamentos, atitudes e palavras.

Uma injustiça, independentemente de sua natureza, traz desanimo, desavença, rancor e consequentemente doa ao seu corpo.

Deixar de entregar a sua injustiça nas mãos do Senhor, retem o que de melhor pode vir sobre a sua vida.

Libere esse sentimento de injustiça do seu ser. A sua causa, ofensa que foi feita contra você, entregue nas mãos do Deus de Justiça, o *Jeová Tsidikenu.*

Você sentirá uma liberdade, mesmo que ainda aparentemente a justiça ainda não tenha sido feita. Deus está cuidando de você! A justiça virá!

Devemos confiar no Abba Pai, nada pode ficar em oculto para Deus. Ele faz justiça, coloca-nos em lugar alto quando permanecemos na direção e vontade do Senhor.

Deus conhece o nosso coração, e quando aceitamos a Cristo como Senhor e Salvador, somos justificados e o **Deus de Justiça trabalha a nosso favor.**

Deus é nosso Juiz, julga com justiça e retidão, puni os injustos e salvo os injustiçados.

"Pois tu tens sustentado o meu direito e a minha causa; tu te assentaste no tribunal, julgando justamente" Salmo 9.4

Jeová Tsidikenu – Deus é justo e justificador, o seu perdão nos transforma de pecadores em justos.

Jesus morreu para termos uma nova vida, sermos novas criaturas e sermos justificados.

Leia II Coríntios 5:

"Assim que, se alguém está em Cristo, nova criatura é; as coisas velhas já passaram; eis que tudo se fez novo. E

tudo isto provém de Deus, que nos reconciliou consigo mesmo por Jesus Cristo, e nos deu o ministério da reconciliação; Isto é, Deus estava em Cristo reconciliando consigo o mundo, não lhes imputando os seus pecados; e pôs em nós a palavra da reconciliação. De sorte que somos embaixadores da parte de Cristo, como se Deus por nós rogasse. Rogamos-vos, pois, da parte de Cristo, que vos reconcilieis com Deus. Àquele que não conheceu pecado, o fez pecado por nós; para que nele fôssemos feitos justiça de Deus" (vv17-21).

Ao aceitarmos Jesus em nossas vidas, viver em retidão, sendo proclamadores desse reino eterno, da salvação que há em Jesus, o Abba cuida de nossas vidas e de todas as injustiças que passamos.

A nós, basta sermos servos e vivermos conforme a sua Palavra, as demais coisas e pessoas Deus cuidará.

Deus almeja que todos sejam justificados pelo sangue de Cristo. Aos justificados o Senhor garante a vida eterna.

Lemos no livro de Romanos, capítulo 4, que somos justificados por intermédio do sangue de Cristo, medite nesse capítulo:

"O qual por nossos pecados foi entregue, e ressuscitou para nossa justificação"
Romanos 4.25.

Escolhi e escolho todos os dias o sangue de Cristo. Minha expectativa é que faça o mesmo, sendo cristão, viva uma vida justa e reta, e que as injustiças venham de outros e não de suas mãos.

Deus cuidará dos injustos e fará justiça, porque Ele é *Jeová Tsidikenu* - **"Senhor, Justiça nossa"**.

"Porque o Senhor é justo, e ama a justiça; o seu rosto olha para os retos" Salmo 11.7

Capítulo 9
O Senhor está ao teu lado

"O Senhor dos Exércitos está conosco; o Deus de Jacó é o nosso refúgio" Salmo 1.7

Jeová Shamah - **"Deus está aqui"**, esse nome tão precioso de Deus.

Sabemos o quanto Deus cuida e está sempre conosco, e ainda assim nos faz conhecê-lo como o Jeová Shamah, para jamais esquecermos que Ele está aqui.

Em Ezequiel, no seu último capítulo e último versículo **(Ezequiel 48.35), o Senhor Está Aqui,** aparece.

É atribuído à cidade de Jerusalém, uma nova Terra, um novo Templo, um povo de Novo Coração e Novo Espírito.

O povo estava passando por uma renovação espiritual e Deus completou selando a nova cidade com um novo nome, a cidade é chamada de o Senhor Está Aqui, restabelecendo a presença do povo ao Senhor.

O Senhor é Onipresente, não se limita a templos e tabernáculos, Deus é acessível a quem deseja lhe amar, seguir e obedecer.

Jeová Shamah é a presença de Deus no templo em todo o milênio, e o Espírito de Deus habita em nós, através de Jesus, quando o aceitamos, somos transformados, nosso corpo se torna o templo do Espírito Santo **(I Coríntios 6.19).**

Deus sempre estará aqui, dentro de nós, seus filhos amados, estará sempre conosco, não importa o que venha acontecer em nossas vidas, se vivermos em seus caminhos, um novo coração, com retidão e amor, servindo a Deus, o Senhor sempre está presente, Senhor está aqui.

Lembro do dia que aceitei a Jesus, eu tinha somente 8 anos, e sei que Deus me levou a tomar essa decisão, mesmo sendo de berço cristão, foi um dia que me senti em paz, mesmo sendo apenas uma criança de 8 anos.

No entanto, tive uns desvios no caminho, como já relatei, não podia frequentar com frequência igreja, vivia uma percepção superficial, muitos vivem da mesma maneira, e não o verdadeiro Cristianismo, a entrega e caminha real com o Senhor.

Deus me chamou profundamente, retornei à casa do Pai e nunca mais saí. Aos 18 anos me batizei nas águas e logo em seguida pedi muito o batismo no Espírito Santo. Meu batismo nas águas foi em 02 de dezembro de 2002 e 31 de dezembro, do mesmo anos, recebi o batismo no Espírito Santo, orando de joelhos dobrado com minha mãe em nossa casa.

Queria muito ser batizada no Espírito Santo antes que ingressasse na faculdades. Sempre soube que Deus tem uma chamada específica em minha vida e levar a palavra de salvação alegra o meu coração, e também sei que o inimigo quer destruir aqueles que ama e servem a Deus, por isso ser revestida do Poder de Deus, Espírito Santo, me deixaria mais forte, alicerçada e direcionada diante de situações, pessoas e momentos de setas malignas.

Uau, que experiência maravilhosa é o falar em línguas estranhas, somente você e Deus nessa conversa.

Sentir o Pai me carregando quando não tenho forças, as marcas de Cristo na minha vida para levar as pessoas à Jesus, o Espírito Santo fortalecendo ne revestindo-me do seu Poder.

Sei que posso cometer erros, pecar, infelizmente temos esses momentos, mas sei que meu coração está em Cristo, minha vida pertence à Ele, o Senhor sempre está de braços abertos a me receber e perdoar e com a direção do Espírito Santo meus erros e pecados serão menores e menos constantes.

Sugiro que leia o Salmo 46, logo no verso 1 vemos a presença de Deus, com diz o Salmista:

"Deus é o nosso refúgio e fortaleza, socorro bem presente na angústia".

Deus é refúgio, nos fortalece, Ele ampara, cuida, protege. Ele sempre está presente, o **Jeová Shamah, o Senhor está aqui!**

Aleluia! Que lindo um Deus que nos conhece, luta por nós, luta pelas nossas vidas, não deixa de nos amar, quer o melhor que ainda está por vir, a Vida Eterna.

Que hoje e sempre Deus faça morada em sua vida, as coisas do passado, lance fora, erros, pecados, injustiça, impurezas, imperfeição, deixe no passado, viva uma vida nova, seja uma nova criatura, prossiga para o alvo que é Jesus.

Façamos como o apóstolo Paulo:

*"Não que já a tenha alcançado, ou que seja perfeito;
mas prossigo para alcançar aquilo para o que fui também
preso por Cristo Jesus. Irmãos, quanto a mim, não julgo
que o haja alcançado; mas uma coisa faço, e é que,
esquecendo-me das coisas que atrás ficam, e avançando
para as que estão diante de mim. Prossigo para o alvo, pelo
prêmio da soberana vocação de Deus em Cristo Jesus. Por
isso todos quantos já somos perfeitos, sintamos isto mesmo;
e, se sentis alguma coisa de outra maneira, também Deus
vo-lo revelará"* **Filipenses 3.12-15**

Que a cada dia, o meu e o seu alvo seja Cristo, independente das circunstâncias da vida, porque Deus sempre está ao seu lado, tem para você abundância de vida ainda nesta terra, e na Eternidade, paz e alegria eternas.

Coloque suas mãos sobre seu peito e declare, Jeová Shamah, o Senhor está aqui!

Seja morada do Espírito Santo!

Permita o Abba Pai te carregar nos braços!

Leve as marcas de Cristo em sua vida!

*"Ensinando-os a guardar todas as coisas que
eu vos tenho mandado; e eis que eu estou
convosco todos os dias, até a consumação dos
séculos. Amém".*
Mateus 28.20

Capítulo 10
Tenha paz em sua vida

"Em paz também me deitarei e dormirei, porque

só tu, Senhor, me fazes habitar em segurança"

Salmo 4.8

Já aconteceu com você de estar preocupado, angustiado e entrega tudo em oração e de repente seu ser se enche de paz? Comigo aconteceu, diversas vezes.

Então, esse é o Senhor, o **Jeová Shalom.**

Ele nos dá a Paz, derrota os nossos inimigos para nos dar a Paz, mesmo quando esse inimigo é nossa mente, problemas e situações que nos trazem aflições.

Jesus é o nosso **Príncipe da Paz**, o Senhor nos dá paz interior. **Shalom**, uma paz que não pode ser medida, inimaginável comparada ao conceito que temos de paz, na visão humana.

Uma paz genuína, pois mesmo diante de algo extremamente de tormenta o **Deus de Paz, Jeová Shalom,** transborda a sua paz na vida daquele que realmente confia no Senhor.

Como diz em **Isaías 9.6**:

*"Porque um menino nos nasceu, um filho se nos deu, e o principado está sobre os seus ombros, e se chamará o seu nome: Maravilhoso, Conselheiro, Deus Forte, Pai da Eternidade, **Príncipe da Paz**" (negrito da autora)*

O Senhor Príncipe da Paz, o Jeová Shalom, o Deus de Paz que encheu Gideão dessa paz, chamando para libertar Israel dos Midianitas (Juízes 6.24), também enche o nosso ser de paz para vencermos os nossos inimigos.

Somos privilegiados em conhecer e ter a paz de Deus por meio da redenção de Cristo. Em **Efésios 2.14**, Paulo diz:

"Porque ele é a nossa paz, o qual de ambos os povos fez um; e, derrubando a parede de separação que estava no meio."

Como seres humanos limitados, falhos, sujeitos a esse mundo, passamos por momentos de tormento, insegurança, angústia, dúvidas, anseios. Não estamos livres desses males.

Deus deseja que diante de nossa insegurança, creiamos que o Senhor pode operar. Confie na Palavra do Senhor. Entregue e confie que Ele está cuidando, amparando, trabalhando, fazendo justiça, libertando do inimigo.

Já passei por muitos momentos de angústia, medo e incertezas. A mais recente e considero a mais perturbadora foi em meados de agosto/setembro de 2020.

Durante a pandemia (COVID-19), passamos momentos bem complicados e desesperadores. Com três crianças pequenas, a nossa primogênita estava com quatro anos e nosso casalzinho de gêmeos com um ano.

Ter crianças pequenas, de quarentena em um apartamento poderia ser assustador, entreter, educar, brincar, proteger, conciliar aulas da Bia e cuidados com Isaac e Alícia, idas rotineiras ao médico, parecia bem desafiador.

Estávamos cumprindo corretamente o isolamento, ficamos em casa e evitando se contaminar com esse vírus terrível. No entanto nosso desafio maior foi financeiro.

Os meses foram passando, sem serviço, vivendo de conta gota, dinheiro e recursos cada vez mais escassos, foi um momento muito preocupante de nossa família, como relatei anteriormente.

Houve mês de incerteza financeira para compramos um leite para as crianças, as roupas de inverno, como faríamos, e o aluguel seria pago?

Eu sempre entregava nas mãos de Deus, mas digo que tinha momentos de desespero, a angústia tomava conta de mim, questionava a Deus, como faríamos para alimentar e cuidar das crianças.

Nossa preocupação eram os nossos pequenos, como pais queremos cuidar e dar o melhor para nossos filhos, se fossemos somente meu marido e eu, ah, daríamos outro jeito.

Então, daríamos o nosso jeito, no entanto, Deus quer da maneira dEle.

Foram meses de angústia e pedindo ao Senhor que suprisse as necessidades, e o Senhor supriu.

Pudemos comprar alimentos, roupas, pagar continhas todos os meses, mesmo que a conta bancária ainda ficasse vermelha, não nos faltou nada.

Nesses meses de pior situação, eu pedia a Deus que suprisse, porém, eu só pedia, não entregava realmente nas mãos do Senhor. Não tinha paz em minha mente, parecia um tufão de pensamento e medo.

O Abba supria, cada semana e mês, Ele supria. Eu continuava sempre angustiada, a paz passava longe do meu coração, afetando até mesmo meu modo de agir em casa.

Então, cansei desse sentimento de desespero e angústia.

Certo dia, não somente pedi, mas entreguei tudo ao Único que pode fazer, operar e trabalhar ao nosso favor.

Realmente confiei todos os meus sentimentos à Deus, minhas preocupações, causas, nossa conta bancária, o meu ser.

O Senhor operou uma maravilha, me encheu de paz, fé, renovo e segurança de ter um Pai que cuida, zela e ampara.

Uma paz que não tinha lógica, ainda estava difícil a situação, mas era algo extraordinário, saber que tudo Deus estava cuidando e supriria meu lar.

Deus ainda fez mais do que havíamos pensado, vencemos uma causa que a tempos estávamos esperando, nossas dívidas foram quitadas, e nem esperávamos por isso e Deus assim fez mais do que pensávamos.

Assim como um pai e uma mãe querem o melhor para seu filho, imensuravelmente maior é Deus, nosso Pai **(Efésios 3.14,15)**, cuida e zela pelos seus filhos amados, queridos e resgatados.

"Porque não te inclinarás diante de outro deus; pois o nome do Senhor é Zeloso; é um Deus zeloso"
Êxodo 34.14

O Senhor de Paz, cuida do nosso total bem-estar, integridade, algo que excede todo entendimento, **Filipenses 4.7:**
"E a paz de Deus, que excede todo o entendimento, guardará os vossos corações e os vossos pensamentos em Cristo Jesus."

Desejo que verdadeiramente entregue completamente o seu ser ao **Senhor de Paz,** o Cristo Redentor, o Deus que está pronto a te receber.

A situação parece irreversível, Deus não está te ouvindo, aquela promessa feita ainda não aconteceu, seu filho se desgarrou, o casamento está em ruinas, o luto, a fome atingiram sua vida, seu lar?

Creia que o **Jeová Shalom está cuidando de tudo**, de você e das situações. Ele ouve seu choro!

Mesmo diante do invisível creia na Palavra de Deus, palavra de vida e de abundância.

Tenha fé e entregue tudo e todos nas mãos do Senhor que opera mais do que pedimos e pensamos. Deleite no Senhor, tenha **Paz em Deus**.

Aquele que levou as suas dores, angústias e venceu o inimigo na cruz do Calvário, por você e por mim.

"O Senhor sobre ti levante o seu rosto e te dê a paz". Números 6.26

Somente Ele é o Caminho, a Verdade e a Vida **(João 14.6).**

"Ora, o Deus de paz, que pelo sangue da aliança eterna tornou a trazer dos mortos a nosso Senhor Jesus Cristo, grande pastor das ovelhas, Vos aperfeiçoe em toda a boa obra, para fazerdes a sua vontade, operando em vós o que perante ele é agradável por Cristo Jesus, ao qual seja glória para todo o sempre. Amém". Hebreus 13.20,21

Capítulo 11

Seja Livre

"Ora, o Senhor é o Espírito; e onde está o Espírito do Senhor, aí há liberdade" II Coríntios 3.17

A humanidade sempre inquiriu sua liberdade. Manifestações, batalhas e guerras foram e ainda são travadas.

Quanto sangue, sofrimento, perdas e separações ocorrem durante essas guerras. Muito sangue foi derramado para ser "livre".

No entanto, só há uma, verdadeira e autêntica liberdade, só pode ser experimentada através do sangue do Único que pode dar liberdade: JESUS.

O sangue de Jesus derramado na cruz nos garante a verdadeira liberdade, paz, esperança e vida.

"Jesus dizia, pois, aos judeus que criam nele:
Se vós permanecerdes na minha palavra,
verdadeiramente sereis meus discípulos; E
conhecereis a verdade, e a verdade vos libertará"
João 8.31,32.

Deus é o Senhor das nossas vidas, Ele é Soberano, está acima de toda a autoridade. É o Senhor dos senhores, Reis dos reis. **I Timóteo 6.15:**

"A qual a seu tempo mostrará o bem-
aventurado, e único poderoso Senhor, Rei dos reis
e Senhor dos senhores"

O amor de Deus por nós é imenso que Jesus veio para salvar, sua família, amigos, a toda humanidade.

E o mais lindo, é que Deus não chega invadindo e obrigando as pessoas a serem dEle. Servir ao Senhor, não é por força, por coação e sim por amor ao Senhor, pelo Espírito Santo (Zacarias 4.6).

Uau! Que Deus lindo, que Pai Amoroso!

Somos livres para fazermos o que e como quisermos.

Deus nos deu o livre arbítrio, fazemos nossas escolhas, servir ou não ao Senhor. Seja em ouvir ou não a voz do Espírito Santo. Aceitar ou rejeitar a Jesus como Salvador.

Deus quer que o busquemos por amor, não por medo da "vida após morte", por obrigação, por ser de um lar cristão, por já estar inserido em uma instituição religiosa.

O Senhor quer que vivemos em seus caminhos por amor do seu sangue derramado na cruz, por amor ao amor que primeiro teve pelo homem.

Deus poderia fazer da humanidade seus robôs, que O amasse e servisse. Bastasse ele assim dizer e passaria a ser.

Reflita, no livro de Gênesis (cap. 1) Deus fez a Terra em que vivemos somente dizendo:

"E disse Deus: Haja luz; e houve luz" v3
"E disse Deus: Haja uma expansão no meio das águas, e haja separação entre águas e águas" v6
"E disse Deus: Produzam as águas abundantemente répteis de alma vivente; e voem as aves sobre a face da expansão dos céus" v20

Deus Todo Poderoso, que ao dizer tudo foi sendo criado.

Deus poderia simplesmente falar e o serviríamos. No entanto, o Senhor deseja que o sirvamos por amor, reconhecimento da morte de Jesus na cruz.

Já tive momentos em minha vida que disse que seria melhor Deus não ter me proporcionado o livre arbítrio, seria mais fácil se Ele mandasse e eu fizesse.

Nas ocasiões que fiz o que achava ser certo, tomei a decisão que defini ser a correta, falei conforme achei adequado, não esperei o tempo correto, nem quis esperar a resposta de Deus, me fiz de desentendida ao que Deus falou porque não era o que eu queria, certamente não foram boas decisões, caminhos, atitudes e escolhas.

Ah, o amor de Deus não nos obriga a fazer determinada coisa ou ir por apontado caminho.

A liberdade em Jesus, nos permite escolher o que queremos, o sangue de Jesus ou nosso desejo.

Somos livres e temos a liberdade por Cristo Jesus.

Somos livres para escolher a nossa carne ou o Espírito, escolhermos a nossa vista ou a visão de Deus.

Uma liberdade em optar pelas coisas do mundo ou pelas celestiais. Livres para receber o amor de Deus ou viver uma vida sem significação.

Almejamos a liberdade, seja religiosa, de expressão, sexualidade, etnia ou nação. Estamos buscamos a liberdade, sermos livres conforme nossos olhos e pensamentos desejam. O Ser humano que fez essas prisões e tira a sua própria liberdade.

Dizeres como: "A minha religião/igreja é apropriada"; "Somente o que digo é correto"; "A sua cor de pele não é aceita"; "O país em que eu vivo é o mais adequado".

Jesus morreu naquela cruz para quebrar essa prisão. Morreu por todos, judeus e gentios, ricos e pobres, homem e mulher, negros e brancos, por todos os povos, etnias e nações.

Morreu e ressuscitou para nos dar vida eterna, e sermos livres das agarras do inimigo e de nossas próprias agarras.

Quem nunca desejou crescer e ser "livre" dos pais, ter sua própria vida, fazer o que acha certo, sem ninguém para mandar. Tudo isso é apenas um sonho, nada de realidade.

Quando crescemos e achamos que seremos "livres", temos um chefe no trabalho, um professor mandão na faculdade, um cônjuge a quem devemos respeito.

Em toda nossa vida estamos cercados de "prisões" naturais, ou melhor, responsabilidades e conduta integra de vida pessoal, social, conjugal, familiar, profissional e religiosa.

Para que criarmos mais prisões, se **Jesus quer nos dar a liberdade de vida**?

Basta conhecê-lO e servir, não estou falando de religião ou igreja, pois essas não libertam, e sim de Jesus, Ele que morreu, que garante a liberdade de vida, somente JESUS, o seu sangue derramado no madeiro, sua ressurreição e amor.

A liberdade de nossas vidas não é aqui na Terra e sim nos Céus, e essa escolha somente você poderá tomar e viver verdadeiramente livre.

Nos aprisionamos a fatos desse mundo, padrão de beleza, instrução educacional, posses e mais posses e achamo-nos, de certo modo, que somos livres.

Se aprisionar as coisas daqui e sentir livre em ter e possuir, não garante a verdadeira liberdade, pois se esses bens sumirem, você sumirá junto, sua estrutura se desfará, seu mundo romperá.

Os bens que possuímos, o status que possui, um dia ficará para trás, morreremos e nada levaremos, nem dinheiro aplicado, nem casa esplendida e nem pessoas.

Devemos usar com sabedoria os nossos bens e recursos, trabalhar dignamente, sem deixar nosso coração nos tesouros dessa terra.

A Bíblia nos diz em **Mateus 6.21:**

*"Pois onde estiver o seu tesouro, aí também
estará o seu coração"*.

Que o nosso coração esteja em Cristo, que esse seja nosso maior tesouro, Jesus e seu sangue na nossa vida, ter a verdadeira e única liberdade.

Ser livre de agarras satânicas, livre de solidão, livre de desamor, livre de pecados e transgressões, livre de dores, livre de ofensas, **LIVRE.**

A verdade Liberta e Cura!

Única verdade que pode te libertar e curar, é o sangue de Jesus, que morreu para te dar a vida, dar a liberdade e a paz.

*Ora, o Senhor é o Espírito; e onde está o
Espírito do Senhor, aí há liberdade"*
II Coríntios 3.17

Ser discípulo do Senhor Jesus, é saber que os ocorridos nesta vida terrena, um dia findará, tudo se renovará.

As mansões celestiais nos esperam, deixando toda o cárcere dessa vida para traz e vivendo a **ETERNA LIBERDADE.**

*"Deus nos ressuscitou com Cristo e com ele
nos fez assentar nos lugares celestiais em Cristo
Jesus"*. *Efésios 2.6*

Reflita: O que tem te aprisionado?

____

____

____

____

____

____

____

____

____

____

Seja livre!!!

Capítulo 12
Sua identidade

"Mas, a todos quantos o receberam, deu-lhes o poder de serem feitos filhos de Deus, aos que creem no seu nome;
Os quais não nasceram do sangue, nem da vontade da carne, nem da vontade do homem, mas de Deus." João 1.12,13

Vou fazer um pergunta muito simples, no entanto pense bem antes de continuar lendo.

Você sabe qual é a sua identidade?

Não estou falando daquele documento em que estão inseridas seus dados, nome completo, filiação, data de nascimento, cidade natal e números de registro.

Estou querendo dizer sua identidade espiritual. Quem é você? Afirmo que és filho de Deus!

No capítulo anterior falei sobre sermos livre. Deus quer te dar liberdade de vida, liberdade essa que gera tua identidade, filho de Deus, Coerdeiros de Cristo.

Pegue a sua identidade e faremos algumas mudanças, começaremos a refazer esse documento com dados celestiais.

Identidade Celestial

Seu nome: <u>Teremos um nome Celestial</u>

Data de nascimento: <u>O dia em que aceitou e recebeu a Cristo em sua vida, quando teve um novo nascimento, se tornou uma nova criatura.</u>

Filiação: <u>Deus, o Abba Pai.</u>

Local de nascimento: <u>Desde a eternidade, Deus te fez e formou.</u>

Números de registro: <u>Para o Aba Pai não somos um número, Ele conhece o nosso nome, conhece o nosso ser, antes mesmo de nascermos aqui nessa terra, somos filhos dEle, que nos faz pensando em todo em cada detalhe.</u>

Um filho que não conhece seu pai ou sua mãe sente um vazio, pensa que há algo errado em sua vida, incompleto, uma história em branco.

Quando lecionava em uma escola rural, certa vez pedi a filiação de um de meus alunos, e em seu documento havia somente o nome da mãe. Lembro que senti uma tristeza por aquela criança não ter a oportunidade de conhecer ou até mesmo sem saber quem é seu pai, ou pelo pai não querer aceitar aquela criança como seu filho.

Gera uma dor afetiva e emocional, agravando até o desenvolvimento socioemocional daquele pequeno ser.

Muitos passam anos se questionando o porquê de ser rejeitado, não aceito por quem deveria amar e proteger.

Dor e sofrimento que somente quem passa tem compreensão.

Vemos crianças em orfanatos a espera de uma adoção, de ser aceita em uma família e ter um recomeço, uma história nova, uma nova vida.

Ao entrarmos em lares temporários e orfanatos vemos rostinhos repletos de esperança, medo, expectativa, um misto de alegria e anseio em ser escolhido por um novo papai e uma nova mamãe.

A adoção é algo belo, cheio de expectativas de ambas as partes, um ato de verdadeiro amor, é uma entrega.

Não poderia deixar de aludir aos que possuem um pai, que mesmo de corpo presente parece estar tão ausente.

Ser órfão de pais vivos é uma dor tão grande quanto a orfandade pela morte.

Quero que se lembre, Deus é o nosso Pai, Salmos 68.5 diz:

"Pai de órfãos e juiz de viúvas é Deus, no seu lugar santo".

Não poderia deixar de dizer, sei que dói a ausência de um pai ou uma mãe, seja por falecimento, rejeição ou ausência ainda vivo.

Conheço esse sentimento, por ter vivido um tempo a ausência de meu pai na minha vida, e realmente dói.

Quero que se lembre, temos um Pai que é incomparável em amor, cuidado, amparo e consolo. O Aba Pai jamais te rejeita, Ele te ama, deseja que estejas com Ele no paraíso.

Deus está sempre de braços abertos para cuidar, amparar, orientar e sustentar. Basta correr para o colo do Pai, do seu Abba Pai, essa é sua **verdadeira identidade, filho de Deus.**

O **Salmo 27.10** diz:

"Porque, quando meu pai e minha mãe me desampararem, o Senhor me recolherá".

Ter Deus como Pai é um grande privilégio. Ele é o melhor pai que existe, ama e cuida de seus filhos.

Jesus é o único filho de pleno direito, no entanto, ao aceitarmos Jesus como nosso Salvador passamos a ser adotados como filhos de Deus.

"E, se nós somos filhos, somos logo herdeiros também, herdeiros de Deus, e co-herdeiros de Cristo: se é certo que com ele padecemos, para que também com ele sejamos glorificados".
Romanos 8.17

Meu pai sempre foi uma pessoa de poucos elogios, na visão dele, elogios fazem com que a pessoa afrouxe, então dificilmente ouvia, isso se dava pelo histórico familiar, meus avós não elogiavam ou acarinhava, costumes de cada época e geração.

Sou grata pela nova geração de pais, por estarmos tendo uma visão de que amor, carinho, conversa, respeito e empatia são mais benéficos que castigos físicos ou psicológicos.

Essa falta de elogio, fez com que por muito tempo vivesse aprisionada em agradar ao meu pai, fazia mais do que podia para receber um "joinha" dele, ouvir dizer "parabéns!" ou "excelente filha!".

Como criança e adolescente não entendia. Ter um pai vivo, porém emocional e fisicamente distante, doía, não era madura para compreender.

Com o passar do tempo, me reconheci como pessoa, que primeiro devo me elogiar e merecer esse elogio, reconhecer meus feitos e caminhar para crescer e melhorar. Minha identidade como pessoa foi se formando, de acordo com o meu amadurecimento.

No entanto, jamais desonrei, desmereci ou desrespeitei ao meu pai. E hoje tenho um pai que vive me elogiando, cuidando, excelente avô e sogro.

Fiquei na minha posição de filha de Deus. Deus honrou e me deu um pai renovado.

O tempo não voltará, o que poderíamos ter aproveitado na minha infância e adolescência não tem como ser vivido, no entanto uma nova história e um novo tempo estão sendo vividos e com ótimas memórias.

Minha identidade de filha do meu pai aqui na Terra, não se compara a identidade de filha do Pai

Celeste, do Abba Pai. Tome esse posicionamento de filho e filha de Deus.

O Aba sempre estará de braços abertos. Ele nos ensina, exorta, e acima de tudo, cuida e ama, de modo que nenhum outro ser posso amar.

Quando penso que sou filha de Deus, o Pai me ama de maneira imensurável e inexplicável, logo me vem a história da mulher de fluxo de sangue.

No livro de **Marcos no capítulo 5**, encontramos essa história – peço que leia com muita atenção e carinho – dos versículos 25-34.

Podemos ver essa linda história, e não estou somente falando da cura de uma enfermidade que já durava 12 anos, e sim a atitude e posicionamento daquela mulher, que vivia já excluída da sociedade, vista como impura, um isolamento, uma dor emocional, psicológica, financeira e física.

Quando ela ouve que Jesus por ali passaria, tomou a atitude de levantar-se e ir aonde Aquele que tem todo o poder poderia curá-la. Teve sabedoria de ir por trás do povo, em que ninguém a veria, até que alcançasse as vestes de Cristo (v28).

Ela poderia ter morrido em sua dor, poderia ficar em seu vitimismo, autopiedade da situação em que se encontrava. No entanto teve um posicionamento, foi ao encontro daquele Único que poderia mudar a sua situação. Então se aproximou de Jesus e tocou, crendo que seria curada simplesmente por tocar nas vestes de Jesus.

Era uma multidão ao redor de Jesus, apertando e mesmo com todas aquelas pessoas, a fé não se comparava a daquela mulher.

Como algo seria sentido nessa situação? No entanto a sua fé a salvou e curou.

E que lindo ver essa fé em ação, ela teve atitude, posicionamento e estratégia, de tal forma que Jesus sentiu seu toque, podemos ver no **versículo 30:**

"E logo Jesus, conhecendo que a virtude de si mesmo saíra, voltou-se para a multidão, e disse: Quem tocou nas minhas vestes?"

Ela vendo que Jesus dizia que virtude havia saído de si, a mulher se aproxima, prostrando e lhe diz a verdade ocorrida.

Jesus já sabia, afinal, Ele é Onisciente, no entanto queria que todos vissem aquela atitude de fé. Ela se tornou pura, depois de passar anos impura, e Jesus, continua sendo puro.

Jesus e o seu infinito amor, imagino a alegria em ver a fé daquela mulher em ação, olha para ela e diz:

*"E ele lhe disse: **Filha**, a tua fé te salvou; vai em paz, e sê curada deste teu mal" (v.34 – destaque da autora)*

Uau! Que encontro lindo, maravilhoso, transformador, de fé, cura e salvação.

Jesus não foi lá para tocá-la, e sim para sentir o toque da fé daquela mulher, para que a fé em ação trouxesse cura, libertação e vida, e todos vissem o que é **FÉ.**

O Pai enviou seu Único Filho para morrer por nós, garantindo a nossa filiação celestial. Jesus não negou resgatar-nos, não negou a oportunidade de sermos coerdeiros de Deus Pai.

Que alegria é pertencer a uma família que ama imensuravelmente, o amor ágape de Deus por nós não pode ser medido.

O sacrifício de Jesus para nos salvar é impossível ser conjecturado.

O agir do Espírito Santo em nossas vidas, conduz ao caminho de amor e vida, é vislumbrante.

Receba essa identidade de filho e filha de Deus, aceite essa filiação.

Acorde todos os dias sabendo que o Aba Pai está cuidando de toda a sua vida.

Independente de situações inesperadas, dolorosas, afetivas, gratificantes, tristes ou exultantes, o seu Pai Celestial sempre está com você.

Mesmo que seu pai terreno tenha te abandonado, ser ausente, ter te violentado, tenha sido abusivo ou você seja órfão, lembre-se que sua real e verdadeira filiação é celestial **(João 14.18)**, se ponha nessa posição e aceite o amor ágape de Deus, se deleite no Senhor .

Quando era criança, fui abusada por um empregado do prédio em que eu morava, ao pensar sobre isso, vejo que mesmo nesse momento Deus não me abandonou, visto que poderia ter ocorrido algo pior.

Foi uma ferida mais emocional do que física e que por muito tempo foi um segredo, o qual não consegui dividir com ninguém. Somente depois de casada compartilhar esse ocorrido com meu marido.

Sei que em todo esse tempo o Pai Celestial estava cuidando dos meus sentimentos, pensamentos e emoções, me curando e ainda tinha um propósito diante deste ocorrido, podendo ajudar quem passou por ele, ou pior, advindo.

Não permita que situações sujeitas a essa vida te afaste de sua real filiação, filho de Deus, e nem te impeça de entrar nas mansões celestiais por circunstâncias dolorosas da vida.

Saiba que a sua filiação, ao aceitar e receber Jesus como Salvador, é de filho e filha de Deus, um Pai que ama, ampara, cuida, orienta e tem preparado um lugar lindo, onde o abandono e sofrimento não existirão.

Aceite e reconheça a sua identidade de coerdeiros, filho de Deus.

Deixe Deus ser o seu Abba Pai e tenha uma vida plena e uma eternidade celestial.

"Assim, você já não é mais escravo, mas filho; e, por ser filho, Deus também o tornou herdeiro"
Gálatas 4.7

Capítulo 13

Filhos Obedientes

"Como filhos obedientes, não vos conformando com as concupiscências que antes havia em vossa ignorância"
I Pedro 1.14

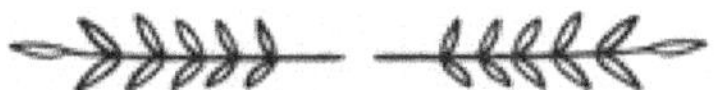

No capítulo anterior, conversamos sobre a nossa identidade de filhos de Deus. Neste quero trazer a nossa obediência ao Pai.

Obediência... qual pai e mãe nunca falou para seu filho obedecer, ser mais obediente, caso contrário poderá se machucar etc., etc., etc.

Aqui em casa já falamos várias e várias vezes para as crianças.

Como filha, já desobedeci, e muito, aos meus pais, e com filha de Deus também, falei que obedeceria ao Pai e não foi o que fiz.

Deus deu a família para cuidarmos uns dos outros, respeitar aos pais, independente da nossa idade.

Da mesma a forma os pais não devem provocar a ira em seus filhos.

Há uma passagem Bíblica que muitos pais citam aos seus filhos, no entanto, essa passagem também tem uma orientação aos pai, se encontra em Efésios 6.1-4:

"Vós, filhos, sede obedientes a vossos pais no Senhor, porque isto é justo. Honra a teu pai e a tua mãe, que é o primeiro mandamento com promessa; Para que te vá bem, e vivas muito tempo sobre a terra. E vós, pais, não provoqueis à ira a vossos filhos, mas criai-os na doutrina e admoestação do Senhor".

Linda é a Palavra de Deus, e completa. Nos versículos acima temos uma palavra para os filhos e para os pais, continuando a leitura do capítulo 6 do livro de Efésios, encontrará mais conselhos e modo de conduta de vida.

Assim como Deus deseja que sejamos obedientes aos nossos pais, honrá-los, assim devemos ser obedientes a Ele.

Lembro que certa vez havia deixado minha mãe na igreja para uma aula de música, e quando estava dirigindo de volta para minha casa, ouvi nitidamente a voz do Senhor dizendo para mudar o caminho.

Parei na placa de "Pare" e olhei a rua dos dois lados e pensei em ir em outra direção, no entanto, fui pelo caminho de costume.

Ah que filha desobediente que eu fui, não mudei a direção, e nesse caminho, que era rotineiro, sofri um acidente de carro. Não foi grave, sem ferimentos, somente o carro danificado.

O condutor que me atingiu, disse que nem sabia por que estava naquela direção, ele sempre usava outro caminho.

No momento do acidente eu somente agradeci. Isso mesmo agradeci! Eu estava sozinha no carro, o lado que ficou mais danificado foi o do passageiro, o qual minha mãe poderia estar e dessa forma teria se ferido.

O que aprendi? Ser obediente a Deus, mesmo que pareça um pensamento meu, um sentimento meu, um achismo da minha parte. Deus sempre está cuidando dos seus filhos.

Você poderia indagar: "Porque Deus não impediu que o acidente ocorresse?" Eu te digo isso com propriedade, porque foi justamente o que ouvi logo que saí do carro naquele dia, "Foi livramento de algo maior, aprenda a ouvir e obedecer a minha voz".

Por isso no momento daquela batida e o estrago no carro, eu agradeci. Era um bem material, nenhuma vida ferida.

Desde então fico atenta a voz do Espírito Santo. Tive momentos de duvidar, sim, de querer fazer o oposto do que o Senhor estava me falando, sim, de ser filha desobediente, sim!

No entanto, quando desobedecemos ao Pai, algo ruim acontece, ou deixamos de ter o melhor.

E por que desobedecemos ao Aba Pai?

Queremos que seja do nosso modo e não da maneira de Deus.

Vivemos limitados na nossa vista, pensamos que depois Deus pode dar um jeitinho e aceitar a minha desobediência, meu erro, meu pecadinho.

Sim, Deus nos ama, não ama nossos pecados, e como Pai não deseja que desobedeçamos e fiquemos vivendo no pecado.

Lembre-se que Deus nunca se afasta ou nos abandona. Nós podemos nos afastar do Senhor, mas Ele nunca, jamais esquece de um filhos Seu.

Quando nos arrependemos Ele perdoa, nos recebe de braços abertos, porém temos a colheita, pois Deus é amor, mas é justiça. **Gálatas 6.7:**

"Não erreis: Deus não se deixa escarnecer; porque tudo o que o homem semear, isso também ceifará".

A Palavra de Deus está repleta de verdade, ensino, conduta, palavras que produz vida. Ensinamentos que nos traz vida abundante. Porém, a Palavra de Deus também nos ensina e adverte sobre caminhos que podemos tomar em nossa jornada aqui na terra que nos levam a maldição e morte.

"Eis que hoje eu ponho diante de vós a bênção e a maldição" Deuteronômio 11.26

Essa passagem sempre falou muito comigo. Fazemos as nossas escolhas, lógico que sempre buscamos a benção, no entanto, quantas vezes vimos algo como benção e na realidade é maldição? Pense nisso!

Estamos vendo com os nossos olhos, nossa vista limitada e não com a visão de Deus, ilimitada e infinita.

Deus é o Todo Poderoso, Ele pode transformar uma maldição em benção, como diz o versículo de **Deuteronômio 23.5:**

"...antes o Senhor teu Deus trocou em bênção a maldição; porquanto o Senhor teu Deus te amava".

Deus tem todo o poder para mudar circunstâncias, e Ele faz, quando realmente isso é justo.

Seria lícito fazer algo, já planejado e depois sair correndo e pedir perdão para Deus? Certamente não é a definição de justiça.

Somente quando estamos inocentes, que Deus opera, somente quando um clamor sincero Deus muda a maldição em bênção.

Reflita, se todas as vezes que uma criança desobedece e o pai simplesmente não falasse nada, nem repreendesse e toda a consequência tomasse para ele, o que essa criança aprenderia? Nada!

Seria uma criança sem caráter, desumana, sem educação e desrespeitosa a si e aos demais ao seu redor.

Deus não quer se sejamos como criança mimada, que pede as coisas e já recebe, que chora para ganhar o que quer, que fica de biquinho quando deixa de ganhar algo que queira.

O Aba Pai deseja que sejamos filhos obedientes, fortes, vencedores, merecedores do que Ele tem para nós, aqui na terra e consequentemente nas mansões celestiais.

Precisamos deixar de andar pela nossa vista limitada e andarmos pela visão de Deus.

Sermos filhos obedientes, saber o que Deus quer de nós, qual direção tomar, aceitar o plano do Pai, mesmo que esse não seja o seu plano.

Como filhos de Deus, coerdeiros de Cristo, que tenhamos visão celestial, busque a visão do Reino!

Vamos transformar nossa visão para ver além do que as pessoas comuns vêm, mesmo que pareça ilógico, no entanto para Deus tem uma lógica.

Certo dia, enquanto estava cozinhando, meus filhos me chamando, e quem nunca ouviu uma mãe dizer que não aguentava mais ouvir tantos "mãe, mãe, mãe, mãe, mãe, mãe, mãe, mãe!".

Queremos logo que as crianças comecem a falar "mamãe, papai" e depois disparam e não param mais de nos chamar.

Diferente dos pais, em que ficamos enlouquecidos quando as crianças nos chamando constantemente, o Abba Pai nunca se cansa de ouvir seus filhos chamando e clamando por Ele.

Quanto mais clamamos, conversamos, gritamos, entregamo-nos ao Aba, mais Ele se alegra, nunca nos diz "chega de me chamar!".

Ao contrário, Deus nos diz:

"Então me invocareis, e ireis, e orareis a mim, e eu vos ouvirei. E buscar-me-eis, e me achareis, quando me buscardes com todo o vosso coração".
Jeremias 29.12,13

Que Pai tremendo, amoroso e justo. Sempre está atento ao nosso clamor, basta sermos obedientes e seguir os seus ensinamentos, crer que em breve estaremos com Ele nas mansões celestiais.

Com todas as experiências que já passei, sei que obedecer ao Pai é o melhor para mim. Assim como um filho que desobedece aos pais pode se ferir, assim somos nós, percorremos um caminho mais doloroso quando desobedecemos ou estamos distantes do Abba Pai.

"Quem dera que eles tivessem tal coração que me temessem, e guardassem todos os meus mandamentos todos os dias, para que bem lhes fosse a eles e a seus filhos para sempre".
Deuteronômio 5.29

"...Eis que o obedecer é melhor do que o sacrificar ..." I Samuel 15.22b

Capítulo 14
Vida Plena

"...eu vim para que tenham vida, e a tenham com abundância" João 10.10b

Vivemos atualmente em um tempo de intensa movimentação, um cotidiano corrido, agitado, repleto de compromissos.

Focamos em ter uma vida plena, rica, produtiva, conquistar bens, status e posição social.

Idealizamos uma vida abundante e plena somente se estamos realizados, principalmente, financeiramente.

Um cargo profissional elevado, realizar viagens caríssimas, frequentar restaurantes de alto padrão ou possuir o melhor carro do ano.

Outras pessoas idealizam a sua vida plena com um casamento, filhos e uma belíssima casa.

No entanto, a vida plena e abundante é muito mais do que bens e status que possuímos.

O versículo do qual introduzi, a abundância que Deus nos promete vai além de bens. Deus provê isso, porém a paz, amor, alegria e graça, o Senhor promete nos encher, através da salvação em Jesus.

É o sangue do Cordeiro derramado na cruz que nos traz abundância de benção, a maior de todas, a salvação. Poder desfrutar de vida plena na terra, sabendo que a verdadeira vida abundante e plena é a eterna. É da vida eterna que devemos cuidar.

Deus prometeu abundância de vida a quem O ama. Confie em Deus. O Senhor cuida dos seus, providencia tudo necessário para viver.

Mesmo diante de momentos nos quais a comida parece faltar, Deus provê, parece ser insuficiente para pagar a conta de luz, Deus provê. **Tudo Deus prôve!**

O Pai nunca desampara seu filho, Ele cuida por gerações. **Salmo 37.25:**

"Fui moço, e agora sou velho; mas nunca vi desamparado o justo, nem a sua semente a mendigar o pão".

Quando era adolescente, minha família passou um momento de aperto financeiro, como já disse anteriormente. No entanto Deus nunca deixou faltar o necessário.

O Senhor proveu alimento e moradia, poderia naquele momento não ser em abundância pelos olhos humanos, mas estávamos alimentados, vestidos e protegidos, e acima de tudo crendo que era um tempo, uma estação que passaria.

Por que Deus permitiu? Porque tínhamos que aprender a viver até mesmo no pouco para sermos agradecidos a Deus.

"Sei estar abatido, e sei também ter abundância; em toda a maneira, e em todas as coisas estou instruído, tanto a ter fartura, como a ter fome; tanto a ter abundância, como a padecer necessidade. Posso todas as coisas em Cristo que me fortalece". Filipenses 4.12,13

Creia que Deus cuida, Ele tem muito a nós dar, uma vida plena, repleta de abundância. Por vezes é necessária uma escassez para nos fortalecermos em Deus, crer e confiar que Ele tem cuidado. O Senhor provê sempre.

O Pai conhece seus filhos, sabe como cuidar, lapidar, moldar, reconstruir, restaurar uma vida. Até mesmo numa situação de pouca fartura, ainda assim Deus providencia o necessário.

Foi em estações minguas que cresci mais em Deus. Não é dessa maneira que Deus deseja. O Senhor quer que cresçamos nEle independe da nossa abastança, no entanto, são momentos assim que revelam nosso verdadeiro EU.

São em tempos de escassez, doença, luto, ofensa que manifestamos quem somos de verdade, nosso caráter e posição diante dos ocorridos.

Quando as situações, pessoas e circunstâncias saem do nosso controle, deixa de ser como planejamos, projetamos e traçamos que demonstramos o nosso EU.

A história de Jó faz refleti muito como vivemos, leia o livro inteiro de Jó, sugiro que utilize uma bíblia de estudo e comentário bíblico, para não somente ler e sim estudar esse personagem que Deus deixou de exemplo. Jó, um ser humano como você e eu.

Jó viveu a abundância de bens e passou pela perda e a escassez. Viveu a felicidade de ter filhos, assim como o luto por eles. De uma vida saudável para uma doença que somente pedaços de telhas para aliviar aquela terrível coceira causadas pelas feridas.

Essa estação na vida de Jó, durou cerca de três anos, de acordo com estudiosos, outros dizem ser um pouco mais de um ano, porém independente do tempo, Jó continuou sendo um homem integro.

Assim como no começo do livro que leva seu nome.

"Havia um homem na terra de Uz, cujo nome era Jó; e era este homem íntegro, reto e temente a Deus e desviava-se do mal". Jó 1.1

O que podemos aprender com Jó?

Ele era integro, permaneceu fiel mesmo diante de difíceis e duras situações.

O livro de Jó nos leva a refletir sobre a fragilidade humana, como em segundos as circunstâncias de nossas vidas podem mudar, porém ainda há motivos para crer em Deus e na sua justiça.

É relatado como Jó sentiu diante das acusações de seus amigos, pelas incertezas e até mesmo pelo silêncio de Deus.

Quero que reflita sobre o "silêncio" de Deus. É necessário Deus ficar em "silêncio" perante nós, no entanto, não significa que Ele não está cuidando, ouvindo ou pertinho de nós, nos fala, nós que deixamos de ouvir o Senhor falar.

O Pai nunca nos perde de vista, no aparente silêncio de Deus há um trabalho, um crescimento, uma aproximação, um achegar-se a Deus. Ouça a voz do Senhor que sempre fala ao nosso coração.

O livro de Jó, sua vida, situações e posicionamento diante de uma estação de dor, de sofrimento, luto e incertezas, nos doutrina a não pecar e nem mesmo culparmos a Deus diante de casos de dor em nossas vidas.

Quando momentos como o de Jó vierem, faça como ele, em Jó 1.21 está escrito:

"E disse: Nu saí do ventre de minha mãe e nu tornarei para lá; o Senhor o deu, e o Senhor o tomou: bendito seja o nome do Senhor".

Deus te dá paz quando você se apega a Ele. Ter uma vida plena e abundante, é apegar-se ao Pai.

"Apega-te, pois, a ele, e tem paz, e assim te sobrevirá o bem". Jó 22.21

Deixe de ver os períodos dificultosos em sua vida como um abandono de Deus, veja como um aprendizado, servirá de testemunho e experiência em que poderá ajudar outras pessoas. Que seu posicionamento seja de exemplo, assim como foi o de Jó.

Como está escrito em **Mateus 6.33**:

"Mas, buscai primeiro o reino de Deus, e a sua justiça, e todas estas coisas vos serão acrescentadas".

Busque a Deus não querendo algo em troca, porque o Pai já fez o maior por cada um de nós, Jesus, seu Filho Unigênito, morreu na cruz para nos dar vida, com abundância e plena.

As benções de Deus são infinitas, elas não findam, nem mirram e devem ser mostradas através de nossas vidas.

Ao ser abençoado por Deus, abençoe as pessoas a sua volta, mostre o amor e cuidado que o Senhor tem por elas. Seja abençoado por Deus e abençoe aos outros.

Ter vida plena, é ter Cristo, é saber que aqui tudo é passageiro, e que a maior benção é a **Vida Eterna.**

Em **João 10.10** diz:

"O ladrão não vem senão a roubar, a matar, e a destruir; eu vim para que tenham vida, e a tenham com abundância"

Logo que lemos esse ladrão, imaginamos alguém entrando em nosso lar e roubado nossos bens, eletrônicos, joias e automóvel.

Porém há um ladrão que deseja roubar o que é mais precioso, a nossa salvação, essa é nossa verdadeira riqueza.

"Mas os mansos herdarão a terra, e se deleitarão na abundância de paz". Salmo 37.11

O ladrão de nossas almas, Satanás, quer nos destruir, trazendo dor, sofrimento, medo que nos paralisa e incertezas, principalmente em Cristo.

Contra esse ladrão que devemos lutar. Como? Vivendo a plenitude em Cristo, tendo as marcas de Cristo, levando o nome de Jesus às pessoas, vivendo uma vida de obediência, amor e entrega a quem quer nos dar vida abundante, plena, de paz e bens, ao Aba Pai.

Efésios 3.20,21:

"Ora, àquele que é poderoso para fazer tudo muito mais abundantemente além daquilo que pedimos ou pensamos, segundo o poder que em nós opera, A esse glória na igreja, por Jesus Cristo, em todas as gerações, para todo o sempre. Amém".

Deus é o Todo Poderoso, quer nos encher da sua abundância, nosso entendimento é limitando, pedimos ou pensamos como seres limitados. Deus não nos dá migalhas, e sim banquete.

Por vezes pedimos algo para Deus e quando recebemos vai além do que esperamos, esse é o Deus de abundância.

Outras ocasiões nem pedimos e o Pai nos dá mais do que havíamos pensado.

Como disse anteriormente, não devemos limitar Deus a nós, Ele é o Eterno, Poderoso, Onisciente, Onipresente e Onipotente, entre tantos outros nomes, atributos e qualidade que são imensuráveis a vista e compreensão humana.

Viver em abundância de vida, vai além de possuir uma casa luxuosa, carros esplêndidos, bens e mais bens materiais.

Ter uma vida plena, abundante é ter Cristo na vida. É reconhecer que Jesus morreu e ressuscitou por amor. Ser guiado pelo Espírito Santo.

A maior riqueza do homem é a eternidade. Aqui tudo deixaremos, até mesmo as pessoas, no entanto, a eternidade deve ser o nosso alvo pleno, nosso olhar profundo.

A abundância é poder proclamar que as mansões celestiais estão preparadas para mim, logo deixarei de andar por ruas feitas por homens, em que ratos passam, são sujas, rachadas, não morarei mais em uma casa de pedra, insegura, deixarei de ver árvores e plantas secarem.

No livro de **Apocalipse 21.21-27**, diz sobre esse lugar em que os salvos em Cristo viveram eternamente.

"E as doze portas eram doze pérolas; cada uma das portas era uma pérola; e a praça da cidade de ouro puro, como vidro transparente.

E nela não vi templo, porque o seu templo é o Senhor Deus Todo-Poderoso, e o Cordeiro.

E a cidade não necessita de sol nem de lua, para que nela resplandeçam, porque a glória de Deus a tem iluminado, e o Cordeiro é a sua lâmpada.

E as nações dos salvos andarão à sua luz; e os reis da terra trarão para ela a sua glória e honra.

E as suas portas não se fecharão de dia, porque ali não haverá noite.

E a ela trarão a glória e honra das nações.

E não entrará nela coisa alguma que contamine, e cometa abominação e mentira; mas só os que estão inscritos no livro da vida do Cordeiro"

Nada nesta terra se compara a viver eternamente em um lugar de ouro, paz, alegria, luz e vida.

Somente Deus pode nos proporcionar isso, somente o Sangue de Cristo pode nos garantir essa vida, somente você e eu podemos tomar a decisão de viver eternamente nessa luz.

O Pai Celeste multiplica, enche até transbordar, realiza além do que podemos imaginar, assim como na passagem da multiplicação dos pães (Marcos 6) e do azeite da viúva (2 Reis 4).

Porém a maior plenitude que podemos ter em nossa vida, é a graça e paz que o Senhor nos concede. **2 Pedro 1.2** cita:

"Graça e paz vos sejam multiplicadas, pelo conhecimento de Deus, e de Jesus nosso Senhor"

Deus tem fartura preparada para nós (**Salmo 72.16**), no entanto devemos ser agradecidos pelas providências divinas e pelo cuidado do Pai.

O Senhor nos proporciona tudo, devemos honrar a Deus pelo que tem nos oferecido. **Provérbios 3** diz que ao horarmos a Deus, todos os nossos bens transbordarão, é restituir a Deus o que Ele nos deu.

Esse ato deve ser com amor e não intencional de que Deus continuará multiplicado e você enchendo-se de bens.

Honrar a Deus deve ser de reconhecimento que tudo é dEle, por Ele e para Ele.

"Honra ao Senhor com os teus bens, e com a primeira parte de todos os teus ganhos; E se encherão os teus celeiros, e transbordarão de vinho os teus lagares".
Provérbios 3.9,10

A nossa vida plena, de fartura, abundância, é em Jesus, somente Ele é a fonte da vida, o nosso refúgio, é a luz no nosso caminhar, é amor, a graça

(Salmo 36.7-9) sobre nossas vidas, mesmo que não sejamos merecedores.

Sempre ensino meus filhos a valorizarem o que possuem, alimento, brinquedo, roupa, até mesmo um lápis. Digo e até mesmo mostro, crianças que passam necessidade, que gostaria de ter uma boneca sem perninha para brincar, um prato que só tivesse arroz.

Ensino às crianças que devem repartir. Se ganhar um brinquedo, doe outro, a roupa não servi mais, doe.

Assim com uma criança é ensinada a cuidar dos necessitados, de igual modo devemos fazer. Honrar a Deus pela sua provisão, e saber cuidar dos que necessitam, e Deus acrescentará, quando o fizermos de todo coração, com amor ao próximo e amor a Deus, sem pensar na recompensa.

"E Deus é poderoso para fazer abundar em vós toda a graça, a fim de que tendo sempre, em tudo, toda a suficiência, abundeis em toda a boa obra; Conforme está escrito: Espalhou, deu aos pobres; a sua justiça permanece para sempre. Ora, aquele que dá a semente ao que semeia, também vos dê pão para comer, e multiplique a vossa sementeira, e aumente os frutos da vossa justiça; Para que em tudo enriqueçais para toda a beneficência, a qual faz que por nós se deem graças a Deus". 2 Coríntios 9.8-11

Leia 2 Coríntios capítulo 9. Encontramos esse natural do homem, em que se você semeia pouco, sua colheita será pouca, quando poderia semear abundantemente e assim seria a sua colheita.

"E digo isto: Que o que semeia pouco, pouco também ceifará; e o que semeia em abundância, em abundância ceifará". 2 Coríntios 9.6

Se a terra em que está não é produtiva, mas você labuta em cultivar, pois essa é sua única terra e de sustento, creia que Deus vê o seu trabalho e abençoa a terra que irá produzir lindas plantação, árvore e vegetação.

O Senhor tem farturas para nos dar, no entanto devemos nos mover com Deus. Não podemos simplesmente pedir que Deus nos dê bens, quando podemos lutar e trabalhar.

Lembre-se que o natural fazemos, porém o sobrenatural é Deus quem faz.

Quando Jesus multiplicou os pães e peixes, o natural era alguém, no caso um menino, ter um cesto com alguns peixes e pães e o sobrenatural Jesus fez, multiplicou aqueles poucos peixes e pães de maneira a sobrar.

Dessa forma é toda nossa vida. Jesus ressuscitou Lázaro, porém os homens tiveram que retirar a pedra do túmulo e Lázaro teve que se mexer, sair do túmulo e andou até Jesus.

Quando nos movemos em e com Deus, o sobrenatural acontece, creia que Deus está movendo e realizando mais do que podemos imaginar, pensar e pedir.

Deus tem abundantemente mais do que a nossa vista humana pode enxergar. O que receberemos do Senhor dependerá da nossa posição perante Deus. Se alinhe em Deus.

Se desejamos ter uma vida plena e abundante em bens, a Palavra de Deus nos alerta, em **Lucas 12.15**:

"E disse-lhes: Acautelai-vos e guardai-vos da avareza; porque a vida de qualquer não consiste na abundância do que possui".

Cuidado com a vida plena e abundante que deseja ter. Uma vida de bens e riquezas ou uma vida em Cristo Jesus?

Onde está o seu coração, nos tesouros da terra ou nos Celestiais?

"Porque, onde estiver o vosso tesouro, ali estará também o vosso coração". Lucas 12.34

Deus tem uma vida abundante e plena para cada um de nós, aqui nesta terra passageira.

Todavia, o maior almejo do Pai é o sangue de Jesus, que foi derramado na cruz, seja a nossa vida plena e abundante eternamente, nossa morada nas mansões celestiais.

De maneira nenhuma estou me referindo que deixe de trabalhar, lutar para conquistar seus sonhos materiais, profissionais, conjugais e o que mais sonhar e desejar nesta vida passageira.

Deus se alegra em nos ver prosperar em toda nossa vida. Dele vem a nossa sabedoria em realizar tarefas, o Senhor que capacita o nosso caminhar, e como disse anteriormente, temos a capacidade de realizar e conquistar o que sonhamos, no entanto deve ser na direção e vontade de Deus.

Realizamos nossos esforços e Deus opera além do que fizemos, sempre em comunhão com o Senhor, em todas as áreas de nossas vidas.

Não podemos separar a nossa vida espiritual das demais áreas, como trabalho, família, cotidiano, em tudo deve estar na vontade de Deus, cada detalhe de nossa vida estar nas mãos do Senhor.

Coloque o Senhor acima de todas as coisas e não o que aqui é passageiro!

Almejo que alcances uma verdadeira vida plena e abundante, aqui na terra e principalmente na vida eterna.

"A minha alma te segue de perto; a tua destra me sustenta". Salmos 63.8

Capítulo 15

O Eu Sou

"Eu sou o bom Pastor, e conheço as minhas ovelhas, e das minhas sou conhecido" João 10.14

Os nomes, atributos e títulos de Deus, expressão quem é o Senhor. Seu poder, paz, onipotência, onipresença, onisciência, eternidade, entre tantos que se fosse continuar não acabaria tão longo.

YHWH, este é o nome especial de Deus, o qual revelou a Moisés, na Bíblia Sagrada, no livro de **Êxodo 3.13-15:**

"Então disse Moisés a Deus: Eis que quando eu for aos filhos de Israel, e lhes disser: O Deus de vossos pais me enviou a vós; e eles me disserem: Qual é o seu nome? Que lhes direi? E disse Deus a Moisés: EU SOU O QUE SOU. Disse mais: Assim dirás aos filhos de Israel: EU SOU me enviou a vós. E Deus disse mais a Moisés: Assim dirás aos filhos de Israel: O Senhor Deus de vossos pais, o Deus de Abraão, o Deus de Isaque, e o Deus de Jacó, me enviou a vós; este é meu nome eternamente, e este é meu memorial de geração em geração".

Segundo a Bíblia, YHWH (Javé, Jeová), significa "EU SOU". Esse nome nos mostra a existência de Deus e sua Eternidade. Deus não tem princípio e nem fim, é imutável.

"Eu sou o Alfa e o Ômega, o princípio e o fim, diz o Senhor, que é, e que era, e que há de vir, o Todo-Poderoso". Apocalipse 1.8

YHWH é um nome importante porque nos ensina que Ele é o **Único Deus Verdadeiro,** acima de tudo e todos.

Jesus é o nosso Cristo, o Messias, o Senhor e Salvador.

"A mulher disse-lhe: Eu sei que o Messias (que se chama o Cristo) vem; quando ele vier, nos anunciará tudo. Jesus disse-lhe: Eu o sou, eu que falo contigo" João 4:25-26

Que maravilha ouvir a voz do Senhor falando mansamente "EU SOU".

Na passagem de João 4 (leia o capítulo inteiro) no versículo 26, Jesus disse "EU SOU" àquela mulher de Samaria que estava simplesmente retirando água, e hoje diz a você e a mim, **"EU SOU"**.

O Senhor está anunciando que Ele é o Messias, o bom Pastor, **João 10.11:**

"Eu sou o bom Pastor; o bom Pastor dá a sua vida pelas ovelhas".

O pastor é aquele que cuida, orienta, alimenta, protege e guia as suas ovelhas por caminhos seguros, e quando uma destas ovelhinhas desobedece ou foge dos seus cuidados, o pastor não se esquece dela, nem a deixa de lado ou troca por outra ovelha.

O pastor vai atrás, luta com animais selvagens para resgatar a sua tão querida ovelha, conversa com ela, caso se machuque, o bom pastor a carrega no colo e cuida até que possa se juntar com as demais no pasto.

Se a ovelha não tiver um pastor, ela caminha por lugares perigosos, é incapaz de lutar e vencer um animal selvagem, fere-se, fica perdida, correndo perigo de morte.

Assim somos nós sem o nosso Pastor, caminhamos por lugares perigosos, perdemos as batalhas, ou andamos em círculos em nossas lutas.

I Pedro 2.25:

"Porque éreis como ovelhas desgarradas; mas agora tendes voltado ao Pastor e Bispo das vossas almas"

O Senhor é o nosso Pastor, Ele disse que daria a vida dEle pelas nossas, e assim fez, Ele é o nosso Amado Salvador.

"Para louvor da glória de sua graça, pela qual nos fez agradáveis a si no Amado" Efésios 1.6

O Senhor não mente, não engana, não tem atitudes como as dos homens, o que diz, o Senhor faz, cumpre tudo o que está escrito em sua Palavra, tudo o que Ele profere assim ocorre.

"Deus não é homem, para que minta; nem filho do homem, para que se arrependa; porventura diria ele, e não o faria? Ou falaria, e não o confirmaria?"

Mesmo que nos pareça ilógico, que muitos digam ser o acaso, partícula, moléculas e o que a ciência, ou o homem desejar achar ser mais lógico, antes que pensássemos em ser, antes que tudo passasse a existir, Deus já existia, a Palavra, o Verbo já havia.

"No princípio era o Verbo, e o Verbo estava com Deus, e o Verbo era Deus. Ele estava no princípio com Deus. Todas as coisas foram feitas por ele, e sem ele nada do que foi feito se fez. Nele estava a vida, e a vida era a luz dos homens. E a luz resplandece nas trevas, e as trevas não a compreenderam". João1.1-5

Queremos limitar Deus aos homens, pensamos que o Senhor só pode fazer o que nós fazemos, restringimos o Criador as nossas habilidades, capacidades, quando na verdade deveríamos viver em sua infinitude.

Ah se fossemos realmente como Cristo deseja: justos, santos, de abundante fé, maiores seriam as maravilhas que poderíamos ver e viver.

Deus não nos limita a sermos meros mortais, queremos limitar o Poder de Deus em nossa vida, no entanto Ele é o Deus de toda terra, **Isaías 54.5:**

"Porque o teu Criador é o teu marido; o Senhor dos Exércitos é o seu nome; e o Santo de Israel é o teu Redentor; que é chamado o Deus de toda a terra"

Deus é incomensurável. O homem não possui entendimento do Poder e Amor de Deus, nada se compara ao Senhor, ninguém pode ser como Deus, ir ao Pai pelos seus próprios caminhos. Somente através de Jesus e seu sangue podemos nos achegar a Deus:

"Disse-lhe Jesus: Eu sou o caminho, e a verdade e a vida; ninguém vem ao Pai, senão por mim" João 14.6

Deus é infinitamente maior. Palavras são impossíveis de descrever Deus e Seu Poder, Glória, Majestade, Eternidade, Onipotência, Onisciência, Amor, Perdão, Misericórdia e Graça.

Somente Deus é digno de todo louvor, glória e adoração.

A nós, basta termos fé nesse Deus, nada pode impedir o agir do Senhor, tudo é possível à Ele, nem mesmo a morte pode O segurar.

Devemos nos lembrar e resgatar a nossa essência de "imagem e semelhanças de Deus", esse é o desejo do Aba Pai.

Na vida os problemas e situações adversas aparecerão para nos trazer tristeza, dor, medo, vulnerabilidade. Nestas estações, nada é melhor do que ter um Deus Poderoso, Amoroso, Grande,

Eterno, o EU SOU, para nos suster e proteger com sua mão forte e poderosa.

"Ah Senhor DEUS! Eis que tu fizeste os céus e a terra com o teu grande poder, e com o teu braço estendido; nada há que te seja demasiado difícil"
Jeremias 32.17

O Deus de maravilhas, poder eterno, infinito, é o seu Abba Pai, a quem devemos correr para nos alegrar, socorrer, guiar, instruir e receber seus ensinamentos através da sua linda e verdadeira Palavra e do Espírito Santo.

"Aquele que só faz maravilhas; porque a sua benignidade dura para sempre" Salmo 136.4

Que Pai tremendo, que Deus de infinito amor. **Deuteronômio 10.17:**

"Pois o SENHOR vosso Deus é o Deus dos deuses, e o Senhor dos senhores, o Deus grande, poderoso e terrível, que não faz acepção de pessoas, nem aceita recompensas"

O EU SOU é um dos nomes que Deus atribui a si mesmo. Como já citei anteriormente, a primeira declaração aparece no Antigo Testamento, no livro de Êxodo, quando Deus diz a Moisés: **"EU SOU o que SOU".**

A Palavra de Deus é viva e verdadeira, não se limita a tempo, é eficaz.

No Novo Testamento encontramos no livro de João, Jesus utilizando o mesmo nomeio, os quais declaram a Sua missão de salvar a humanidade:

Deus é o nosso sustento de vida: *"Eu Sou o Pão da vida"*. João 6.35, 48, 51

O Senhor é a nossa luz em meio as trevas: *"Eu Sou a Luz do mundo"*. João 8.12

O Senhor habita em nós: *"Eu Sou a porta das ovelhas"*. João 10.7,9

Temos um pastor que nos guia e cuida: *"Eu Sou o Bom Pastor"*. João 10.11, 14

Um Deus que garante a vida eterna: *"Eu Sou a Ressurreição e a Vida"*. João 11.25

O Senhor que é a Verdade absoluta: *"Eu Sou o Caminho, a Verdade e a Vida"*. João 14.6

Somente nEle temos vida: *"Eu Sou a videira verdadeira"*. João 15.1,5

*"Disse-lhes Jesus: Em verdade, em verdade vos digo que antes que Abraão existisse, **EU SOU"**.*
João 8.58 (destaque da autora)

Inexecutável não acreditar, amar, receber, servir um Deus que ama, cuida, opera milagres, é justo, deseja nossa comunhão eterna com Ele, um

Deus que consola, que passa cada estação ao nosso lado.

Um Pai que nos resgatou da mão do inimigo e está de braços abertos a receber cada um de seus filhos.

Um Senhor que não negou a morte de cruz.

O Espírito Santo que fala aos nossos corações, como mansidão, amor e firmeza.

Que Deus tremendo, mesmo com seu infinito amor e poder, não nos obriga a sermos Seus.

Deus de amor bate à porta do nosso coração e pedi para entrar. Só depende de aceitarmos que Ele faça habitação em nosso ser.

O livro do Evangelho de João é lindo em seus detalhes, palavras do Senhor, que livro de amor.

Assim como João é conhecido como o discípulo/apóstolo do amor, assim sejamos também conhecidos.

Quando compramos um produto e vem o manual de instruções, contendo todo o funcionamento e manutenção daquele artigo, facilita o manuseio e uso correto do produto, quando deixamos o manual de lado, demoramos para compreender o funcionamento e utilidades do item, podendo ter o risco de manusear de forma incorreta e perder ou danificar o produto.

A Palavra de Deus, é o nosso manual de vida, nela temos um guia de vivência, cuidados, tanto espiritual quanto pessoal. Encontramos instruções até mesmo para dias inusitados, pegue a Palavra de Deus, ela falará com você.

"Jesus respondeu, e disse-lhe: Se alguém me ama, guardará a minha palavra, e meu Pai o amará, e viremos para ele, e faremos nele morada". João 14.23

O Eu Sou quer habitar em você. Quer dar a benção da Salvação. Deseja resgatar da mão do inimigo. Há benção para o justo, para sua habitação e sua família.

"A maldição do Senhor habita na casa do ímpio, mas a habitação dos justos abençoará". Provérbios 3.33

Esteja preparado para vindo do Senhor, aceite a Salvação que é garantida pelo sangue de Jesus na cruz do Calvário.

"Eu, Jesus, enviei o meu anjo, para vos testificar estas coisas nas igrejas. Eu sou a raiz e a geração de Davi, a resplandecente estrela da manhã. E o Espírito e a esposa dizem: Vem. E quem ouve, diga: Vem. E quem tem sede, venha; e quem quiser, tome de graça da água da vida. Porque eu testifico a todo aquele que ouvir as palavras da profecia deste livro que, se alguém lhes acrescentar alguma coisa, Deus fará vir sobre ele as pragas que estão escritas neste livro; E, se alguém tirar quaisquer palavras do livro desta profecia, Deus tirará a sua parte do livro da vida, e da cidade santa, e das coisas que estão escritas neste livro.

Aquele que testifica estas coisas diz: Certamente cedo venho. Amém. Ora vem, Senhor Jesus.
A graça de nosso Senhor Jesus Cristo seja com todos vós. Amém". Apocalipse 22.16-21

Finalizando...

Ter vida plena e abundante não significa que teremos uma vida sem pressão, lutos, tristeza, solidão, viveremos momentos que nos desagradam, faz parte do viver.

No entanto, como aqui foi exposto, nossa vida nessa terra é passageira, temos uma vida eterna nos esperando, com um Pai amoroso e que nos preparou a mansão celestial.

Deus é supremo, está acima de tudo e todos, somente Ele deve ser adorado, A Ele deve ser toda nosso louvor, pois o Poder pertence ao Senhor.

Não existe outro como nosso Deus, Ele é divino.

"Olhai para mim, e sereis salvos, vós, todos os termos da terra; porque eu sou Deus, e não há outro".
Isaías 45.22

Em Romanos 5.17 diz:
"Porque, se pela ofensa de um só, a morte reinou por esse, muito mais os que recebem a abundância da graça, e do dom da justiça, reinarão em vida por um só, Jesus Cristo".

É através da morte e ressurreição salvífica de Cristo que recebemos a abundância, misericórdia, graça, justiça e vida.

Deixe a escuridão da vida e ande na Luz de Deus.

"Falou-lhes, pois, Jesus outra vez, dizendo: Eu sou a luz do mundo; quem me segue não andará em trevas, mas terá a luz da vida". João 8.12

Compreenda que ter vida plena, abundante, não é ser imune de angústias, e sim superabundar a vida de Deus até mesmo em circunstâncias desafiadoras!

Alinhe-se com os planos de Deus, esteja no centro da vontade do Pai, receba a salvação de Cristo, seja guiado pelo Espírito Santo.

Faça sua vida ser abundante em Cristo, mesmo que pareça que está tudo em ruínas.

Deus te levanta e faz maior a honra da sua vida.

"Eis que a virgem conceberá, e dará à luz um filho, E chamá-lo-ão pelo nome de EMANUEL, Que traduzido é: Deus conosco". Mateus 1.23

Todos podem te abandonar, dores podem vir, no entanto, Deus nunca te perde de vista, nem te abandona. Ele te amparar, chama para perto dEle, te ama, quer te salvar das garras inimigas. **DEUS CONOSCO ESTÁ.**

A Palavra de Deus está repleta de ensinamento, consolo e verdade. Quero compartilhar alguns versículos que sempre Deus traz ao meu coração para dar esperança, confiança, restauração e fé.

"E estou convencido de que nem morte nem vida, nem anjos nem demônios, nem o que existe hoje nem o que virá no futuro, nem poderes, nem altura nem profundidade, nada, em toda a criação, jamais poderá nos separar do amor de Deus revelado em Cristo Jesus, nosso Senhor".
Romanos 8.38,39 (NVT)

"Não andem ansiosos por coisa alguma, mas em tudo, pela oração e súplicas, e com ação de graças, apresentem seus pedidos a Deus. E a paz de Deus, que excede todo o entendimento, guardará os seus corações e as suas mentes em Cristo Jesus".
Filipenses 4.6,7 (NVI)

"Aquele que habita no abrigo do Altíssimo encontrará descanso à sombra do Todo-poderoso".
Salmos 91.1 (NVI)

"e disse: "Saí nu do ventre de minha mãe, e estarei nu quando partir. O Senhor me deu o que eu tinha, e o Senhor o tomou. Louvado seja o nome do Senhor!".
Jó 1.21 (NVI)

"Ora, a fé é o firme fundamento das coisas que se esperam, e a prova das coisas que se não vêem".
Hebreus 11.1 (ACF)

O último versículo que quero compartilhar com você, é o nosso versículo de vida, encontramos o amor de Deus, a entrega de Jesus, o agir do Espírito Santo e nossa fé em ação.

O Pai nos ama, o Filho se entregou e o Espírito nos faz crer.

Receba esse Amor, a essa Entrega, a esse Agir e Creia.

Se renda, confie, entregue, viva uma vida com Deus, que é Amor, Paz, Alegria, Sábio, Bom, Perfeito, Onipresente, Onisciente, Onipotente, Forte, Poderoso, Eterno, o Grande **EU SOU**!

Tenha vida abundante e plena em Cristo Jesus, receba a vida eterna a cada dia, corra em direção as mansões celestiais.

"Porque Deus amou tanto o mundo que deu seu Filho único, para que todo o que nele crer não pereça, mas tenha a vida eterna".
João 3.16 (ACF)

Bibliografia

Bíblia de Estudo da Mulher Cristã / Dorothy Kelley Patterson, Rhonda Harington (Ed). Tradução Lena Aranha. Almeida Revista e Corrigida – Rio de Janeiro: CPAD, 218. Edição1

A Autora

Karina Dubiniak Cordeiro, 37.
Filha amada do Abba.
Casada com Atos Cordeiro.
Mãe de 3 filhos, primogênita Bianca
e o casal de gêmeos Isaac e Alícia.

Sempre envolvida na obra do Senhor. Já atuou no departamento de missões, infantil, assistência social, jovens e adolescentes.
Servir a Deus, praticar seus ensinamentos e falar do amor de Jesus sempre fizeram parte da sua vida.

Formação em Teologia Básica, Graduada em Pedagogia, Pós-Graduada em Orientação Educacional, MBA em MKT, Certificada em Kid Coach e Perfil Comportamental.

/karinadubiniak
karinadubiniak@gmail.com
Karina Dubiniak